노점 사람들

노점 사람들

노점상 12인의 인터뷰집

홍인옥 지음

마음대로

일러두기

- 이름은 가명으로 기록했습니다.
- 노점상의 목소리를 최대한 살리기 위해 인터뷰 내용(" ")은 표준맞춤법을 따르지 않았습니다. 문장도 새롭게 다듬지 않고 있는 그대로 옮겼습니다.

프롤로그　　　　**노점에는 사람이 있습니다**

　IMF 외환위기 시기에 처음 노점상 연구를 시작했습니다. 하루아침에 직장을 잃고 생계가 막막해진 사람들이 노점으로 많이 뛰어들던 시기였습니다. 실업극복국민운동본부에 생계 수단으로 노점을 활용하는 방안을 제안했습니다. 제안은 채택되지 못했는데 대안적 생계 수단으로 노점에 관심을 보인 한국노동연구원의 지원으로 노점상 연구를 시작할 수 있었습니다. 이후 십여 년 동안 연구와 대책 마련으로 노점 문제에 관여했습니다.

　어떤 때는 노점상의 입장에서 어떤 때는 행정의 입장에서 해결 방법을 찾았습니다. 한마디로 노점상과 행정 사이의 줄타기였습니다. 줄타기는 위태로웠지만 덕분에 노점과 관련된 다양한 주체들을 가까이에서 만날 수 있었습니다. 노점상, 공무원, 주변 상인, 시민단체 활동가를 만나서 다양한 관점의 이야기를 들었고 어떻게 노점 문제를 풀어나갈지 논의했습니다. 대책을 마련하기 위해 노점상, 주변 상인을 만나고 협의 과정에 참여하기도 했습니다. 그래서 서울의 거리를 보노라면 지난 20여 년 동안 노점 문제를 풀려고 애쓴 흔적들이 보입니다.

 그렇게 노점과 관련된 연구를 하다가 노점을 운영하는 사람들의 이야기가 궁금해졌습니다. 노점 문제를 해결하려고 노점상들을 많이 만났지만 일상을 듣지는 못했습니다. 노점은 결코 쉬운 일이 아닙니다. 온종일 길거리에서 일하는 육체적 고됨에 언제든 단속을 받을 수 있다는 불안이 더해집니다. 그럼에도 많은 사람이 노점을 시작했고 노점으로 생계를 꾸렸습니다. 그래서 더 궁금했습니다. 노점 연구와 대책에는 나오지 않는 그들의 생생한 삶의 이야기가 듣고 싶었습니다. 노점상의 일상과 그들이 지켜본 우리의 일상이 궁금했습니다.

 다시 노점으로 갔습니다. 비교적 오랫동안 노점을 하신 분들을 찾아가 그들의 삶과 일상을 들었습니다. 그렇게 종로 설탕뽑기 할아버지를 시작으로 열두 명의 노점상을 만났습니다. 겉으로 보기에는 비슷한 크기의 흔한 노점상이지만 그들의 이야기에는 한국의 역동적인 현대사만큼이나 많은 것들이 담겨 있었습니다. 그런 그분들의 이야기가 모여서 책이 되었습니다. 당장에 도움 되는 일이 아닌데도 마음을 열고 지난 이야기를 해주신 열두 명의 노점상분들 때문에 가능한 일이었습니다.

그런데 막상 인터뷰를 해놓고도 이런저런 일로 약속만 해놓고 인터뷰집이 미뤄졌습니다. 그러다가 인터뷰를 했던 한 분이 고령으로 돌아가셨다는 소식을 듣게 되었습니다. 더 이상 미루면 안 되겠다는 조급함이 생겼습니다. 부족한 내용과 분량에도 이렇게 책으로 엮게 된 이유입니다. 제가 들었던 그분들의 치열한 삶에 대한 저의 작은 마음의 표현입니다.

일부러 그렇게 한 것은 아닌데 정리하고 보니 일 년 열두 달처럼 열두 명의 이야기가 되었습니다. 우리가 일 년 열두 달을 살아내는 것처럼 노점상이 거리에서 살아낸 시간의 상징이 아닌가 싶습니다. 그런 뜻에서 책은 열두 명의 이야기만이 아닌 노점이란 이름으로 우리 시대를 살아낸 수많은 사람의 이야기입니다. 제가 들었던 그 이야기를 다시 여러분들에게 돌려드립니다.

우리 곁에는 노점이 있습니다.
노점에는 사람이 있습니다.

2024년 봄
광화문에서 홍인옥

차례

1장　봄. 거리에서

14	남는 건 이제 병밖에 없어요	**종로**
26	다른 세상이 존재한다면 노점은 안 할 거예요	**강남역**
40	처음에는 창피해서 가판대를 나오지 못했어요	**석계역**
52	- 노점정보	

2장　여름. 누구보다 열심히

58	숨이 콱콱 막히게 힘들게 벌었어요	**경동시장**
64	어쨌든 우리도 이 사회의 한 주축이에요	**미아리**
74	처음에 그냥 많이 울었어요	**대전**
82	- 노점운영	

3장	가을. 그래도 노점으로	
90	손님들이 너무너무 고마운 거예요	**안산중앙역**
100	리어카를 한 백번은 뺏겼나 봐요	**동대문**
108	우리 노점 엄마들이 참 강하고 장해요	**가락동시장**
114	- 노점상	

4장	겨울. 다시 봄으로	
118	네발로 기어 댕길 때까지는 해야지	**황학동**
126	왜냐면 먹고 살아야 하니까	**신촌역**
134	누군가는 의견을 제시하고 개선해야 해요	**고양시**
142	- 노점대책	

| 150 | 에필로그 |

남는 건 이제 병 밖에 없어요

종로 | 이철환

이 씨 할아버지는 종로 젊음의 거리에서 설탕뽑기 노점을 합니다. 할아버지의 나이는 이제 90살이 코 앞입니다. 이 씨 할아버지는 지금도 매일 자신의 노점 자리에서 아내와 함께 장사를 하십니다. 옆집 아주머니의 소개로 종로에서 노점을 시작한 건 1984년입니다.

그때부터 지금까지 40년 동안 이곳을 지키고 있습니다. 시작은 할머니가 먼저였습니다. 할머니가 번데기를 팔았고 할아버지가 뒤를 이어 리어카를 끌고 나오셨습니다. 할아버지는 고구마를 썰어서 튀긴 고구마튀김을 팔았습니다. 그때는 간식거리가 많지 않은 시절이어서 고구마튀김은 인기 상품이었고 덕분에 꽤 벌이가 괜찮았습니다.

" 바로 옆에 집 아주머니가 우리 집사람을 소개한 거예요. 우리 할머니를. 종로 가면 번데기 하나로도 괜찮으니까 거 가서 장사해라. 그래갖고 우리 할머니가 처음에 여기 84년도에 온 거예요, 84년도에. 번데기를 파는데 나도 노니까, 돈 없고 그러니까, 내가 84년도 4월에 여기 나오구요. 그 당시에. 와가지고 지금까장 여기서 장사하고 있는 거예요."

" 우리 할머니는 나 장사하는 데 있죠, 거기서 번데기 장사를 허고, 나는 리어카 하나 어떻게 해가지고 여기 카드 있잖습니까, 거기서 장사를 했어요. 고구마 튀겼어요. 고구마를 얇게 썰어서 길게 허는, 그거 튀겨가지고, 그때는 괜찮았어요."

벌이가 괜찮았는데도 지금까지 노점을 계속하는 건 아들 때문입니다. 아들이 어려워지니 경제적으로 함께 힘들어졌습니다. 할아버지와 할머니 두 분이 각자 따로 노점을 하면서 고생을 많이 했지만, 돈을 좀 벌었고 집도 한 채 마련할 수 있었습니다. 드디어 오랜 가난에서 벗어나 생활의 안정을 찾을 수 있었습니다.

하지만 안정은 오래가지 못했습니다. 하나뿐인 아들이 하던 도서 도매업이 크게 망하면서 할아버지네도 함께 어려워졌기 때문입니다. 집은 물론이고 모아두었던 돈마저 다 날리고 아들의 빚까지 떠안게 되었습니다. 지금도 빚이 조금 남아 있습니다. 결국 할아버지와 할머니는 생계를 위해 계속 노점을 해야 했고 지금까지 이어지고 있습니다.

돌아보면 할아버지는 늘 가난했습니다. 할아버지는 1931년 전북 고창에서 가난한 농부의 구 남매 중 넷째로 태어났습니다. 일제 강점기에 가난한 시골 생활은 말할 수 없이 힘들었습니다. 식구들의 끼니를 해결하기 위해 형들이 남의집살이했고 거기서 받은 쌀로 생계를 꾸렸습니다.

" 우리가 구 남매였어요. 구 남매였는데, 그러니까 형님들은 순, 나이 자시고 하니까 군대 갔다 오기 전에는 전부, 옛날에는 그 지주들이 땅을 많이 가지고 있었잖아요. 근데 인자 거기 가서 남의집살이, 일 년 동안 남의집 살면 거기서 그 대가로 미리 인자 쌀 같은 거 주면 받아다가 형제들 허고 먹고 그러고 지냈죠. 일제 말엽이니까. 내가, 너무나 그 당시가 참 비참해서, 내가 참 이런 말을 하면요, 너무 숙연해서요, 말이 잘 안 나와요. 옛날 생각허면…."

중학교 다닐 때 6·25 전쟁을 겪었고 집안일 도우면서 고향에서 지내다 30대 초반에 일자리를 찾아서 서울로 왔습니다. 그때가 1960년입니다. 그러다 친척 소개로 강원도 원주 근방의 연필 공장에서 감독관으로 일했습니다. 피나무를 잘라 다듬어서 연필 재료를 만드는 공장이었는데, 4·19 이후 갑자기 공장이 문을 닫았습니다. 할아버지는 다시 서울로 올라왔고 리어카로 채소 장사를 시작했습니다.

당시는 사람들이 많이 몰리는 곳이나 동네주택가를 돌아다니면서 노점 장사를 해서 대부분 리어카를 끌고 다녔습니다. 이대 입구 근처 대현동 판잣집에 살면서 아현시장에서 도매로 물건을 가져다 아현동, 대현동, 염리동, 신수동 일대 판자촌을 돌아다니면서 물건을 팔았습니다. 그러던 중 아는 사람 소개로 할머니를 만나 당시 좀 늦은 나이인 32살에 결혼을 했습니다.

결혼 후 할아버지는 채소 노점을 계속했고 할머니도 결혼 전부터 일하던 동생의 봉제공장에서 계속 일을 했습니다. 그러다 할아버지도 처제네 공장에서 일하게 되면서 노점을 그만뒀습니다. 하지만 공장이 망하고 먹고사는 게 막막해진 할아버지는 노동일을 조금 하다가 결국 다시 리어카를 끌고 노점을 했습니다.

리어카를 끌고 다니면서 하던 채소 노점은 벌이가 별로였습니다. 그러다 아는 사람이 할머니한테 종로에서 장사를 해보라고 알려줬고, 번데기를 삶아 큰 대야에 담아서 나오기 시작했습니다. 이후에 할아버지도 채소 노점을 접고 고구마 리어카를 끌고 종로로 나왔고 지금까지 이어졌습니다.

" 그때는 인자 항시적으로 놓고 파는 것이 아니고 그냥 돌아다니면서 그냥 집집마다 돌아댕기면서 팔고 그랬기 때문에 누가 그렇게 제지는 별로 없었어요. 그 당시에는."

종로는 우리나라 노점 문제의 중심이었습니다. 종로는 서울의 중심가로 늘 많은 사람으로 북적였습니다. 안 그래도 사람이 많은데, 여기에 노점상이 장사를 하면서 보행이 힘든 지경이 되었습니다. 정부와 서울시, 종로구는 이러한 노점 문제를 해결하기 위해 대책을 마련했고 그런 노력 끝에 젊음의 거리를 비롯한 종로 노점 특화 거리가 만들어졌습니다.

종로에서 30년 넘게 노점을 한 할아버지는 우리나라 노점 변화의 산증인입니다. 할아버지가 처음 종로에 왔을 때만 해도 노점이 그렇게 많지 않았습니다. 노점 단속을 수시로 했기 때문입니다. 변화는 IMF 외환위기였습니다. 외환위기로 생활이 어려워진 사람들이 노점상으로 나서면서 점점 늘어나기 시작했고 단속이 완화되면서 어느새 노점 천국이 되었습니다.

" 여기에 노점이 많지 않았는데, 김대중 대통령이 당선되고 그때부터 그냥 우후죽순처럼 노점이 많이 생긴 거예요. IMF 때 없는 사람들 벌어먹을라고 하는데, '노점에 대해서 너무 단속하지 마라' 그렇게 얘기를 했거든요. 김대중 대통령이. 그러니까 그때부터 종로가 그냥 노점 천국이 되어버린 거예요."

"그전엔 단속이 많았죠. 말도 말아요. 소장이 나오면 무조건 갖다 벌금을 물려가지고 저, 리어카 해갖고는. 전경차, 우리는 그거 닭장이라고 그러거든요. 닭장에 실어다가 하룻밤 경찰서에 재워가지고. 그 당시에는 직결이 저 응암동에 있었어요. 지금은 딴 데로 옮겼는데, 응암동에 가서 그냥 줄 딱 세워놓고 너는 얼마얼마 벌금으로 그냥. 만일에 벌금을 못 내면 하룻밤이나 자고 벌금까고. 그리고 돈 있는 사람은 벌금 내고 나오고 그렇게 해갖고 장사했어요."

노점 특화 거리는 노점 문제를 해결하기 위해 여러 대책을 찾던 서울시가 노점관리 특별대책의 하나로 2009년에 도입했습니다. 서울시는 노점 단속을 자제하라는 정부 방침에 맞춰 생계형 노점 단속은 자제하고 종업원을 고용하여 별도 테이블을 설치하는 기업형 노점은 단속했습니다. 시민들의 보행을 위해 사람들의 통행이 많은 지하철역 입구, 건널목 근처, 버스정류장 주변을 특별히 노점 중점 관리구역으로 지정했습니다.

특히 종로 2가 간선도로변은 대부분이 중점 관리구역에 해당하였고 노점 단속으로 인한 갈등이 끊이지 않았습니다. 이에 서울시는 대로변이 아닌 연결도로나 안쪽 도로에 노점 특화 거리를 조성해서 노점상들이 안정적으로 장사할 수 있도록 만들었습니다. 2009년 6월에 종로 2가 노점 특화 거리인 젊음의 거리가 조성되면서 할아버지도 옮겨와 장사를 하게 되었습니다. 할아버지는 원래 이면도로에서 노점을 해서 직접 문제가 되지는 않았습니다. 특화 거리 조성으로 종로 2가 노점상 전체가 특화 거리인 젊음의 거리로 들어오게 되었습니다.

" 여기 지금 처음에는 96명이었는데요, 처음에 여기 그러니까, 2009년도 6월 17일날 여기 개장을 했거든요. 2009년도 6월 17일날 여기 개장을 했어요. 여기서 뭐 크게 허고 그랬었는데, 그 당시에는 어중이떠중이들이 여가 잘될 거 같아서 자리를 자기네가 사놓고 인자 세놓고 그랬어요. 근데 지금은 인자 완전히 그냥 알짜배기들만 남은 거예요. 어쩔 수 없이 그냥 먹고 사는 사람들. 여기 지금, 96명이 처음에 개장한다고 구청 장부는 올라갔는데, 지금 장사하는 사람은 한 스물다섯 명 내지 삼십 명밖에 안 되아요."

젊음의 거리로 자리를 옮기면서 할아버지는 품목을 바꿨습니다. 고구마튀김에서 바나나, 귤 등 과일로 바꿨다가 지금의 설탕 뽑기를 시작했습니다. 설탕 뽑기는 복고 열풍으로 한때 인기를 끌었는데 일본인, 중국인 관광객들까지 좋아하면서 꽤 장사가 잘됐습니다. 하지만 지금은 인기가 시들해져 매상이 크게 줄었습니다.

설탕 뽑기 노점의 운영방식은 독특했습니다. 할아버지의 설탕 뽑기는 직접 현장에서 만드는 게 아니라 만들어놓은 제품을 판매하는 방식이었습니다. 판매와 제조가 분리된 운영 방식입니다. 제품은 미아리의 아는 사람이 만들고 이것을 가져와 팔고 있는데 방식은 46제로 나누고 있습니다. 10만 원을 판매하면 할아버지는 4만 원, 만든 사람이 6만 원을 갖는 식입니다. 46제가 도로점용료, 보관료 등의 비용을 부담해야 하는 할아버지에게 좋은 조건은 아니지만 미리 상품을 구매해야 하는 비용 부담이나 만드는 수고를 덜 수 있어서 할아버지에게는 괜찮은 방식입니다.

" 여기 뭐 일요일날 같으면 잘 팔면 한 10만 원? 보통 같은 때는 한 6,7만 원. 한 8만 원 팔아야 3만 2천 원 밖에 더 돌아옵니까. 그러면 나 하루에 3천5백원짜리 밥 두 끼 먹으면 7천 원이에요. 생각해 보세요. 하는 게 없잖아요. 그러기 때문에 옛날에는 내가 나이만 좀 해도 그냥 이것저것 허고 좀 되지만 지금은 제대로 걸음도 못 걷고 지팽이 짚고 왔다 갔다 허는데, 결국은 노점 오래 해가지고 남은 건 병밖에 없어요."

" 오늘날까지 여끼장 왔네요. 근데 이제 나도 좀 남은 것은 돈은 다 날라가 불고 내가 그대로만 했어도 하다 못하면, 어디 가서 연립주택이나 하나라도 했을 거예요. 근데 자식이 뭔지 책 장사한다 그래갖고 여기저기 돈 끌어서 써가지고. 여기 다 알아요. 나 물어보면, 그 양반 여기서 장사할 때 어땠냐고 물어보면, 대략 얘기는 뭐, 내가 어떻게 살았다는 거 대략 알 거예요. 그렇게 해가지고 지금까장 팔십 다섯, 여기서 한 삼십여 년 내 청춘을 보냈는데 결국 남은 것은 병밖에 없네요. 남은 건. 뭐 있어요."

중간에 잠깐 다른 일을 하기도 했지만, 할아버지에게는 종로의 노점이 곧 인생입니다. 삼십여 년 누구보다 이곳에서 열심히 살았습니다. 그런데 남는 건 이제 병밖에 없다는 할아버지의 말씀이 쓸쓸합니다.

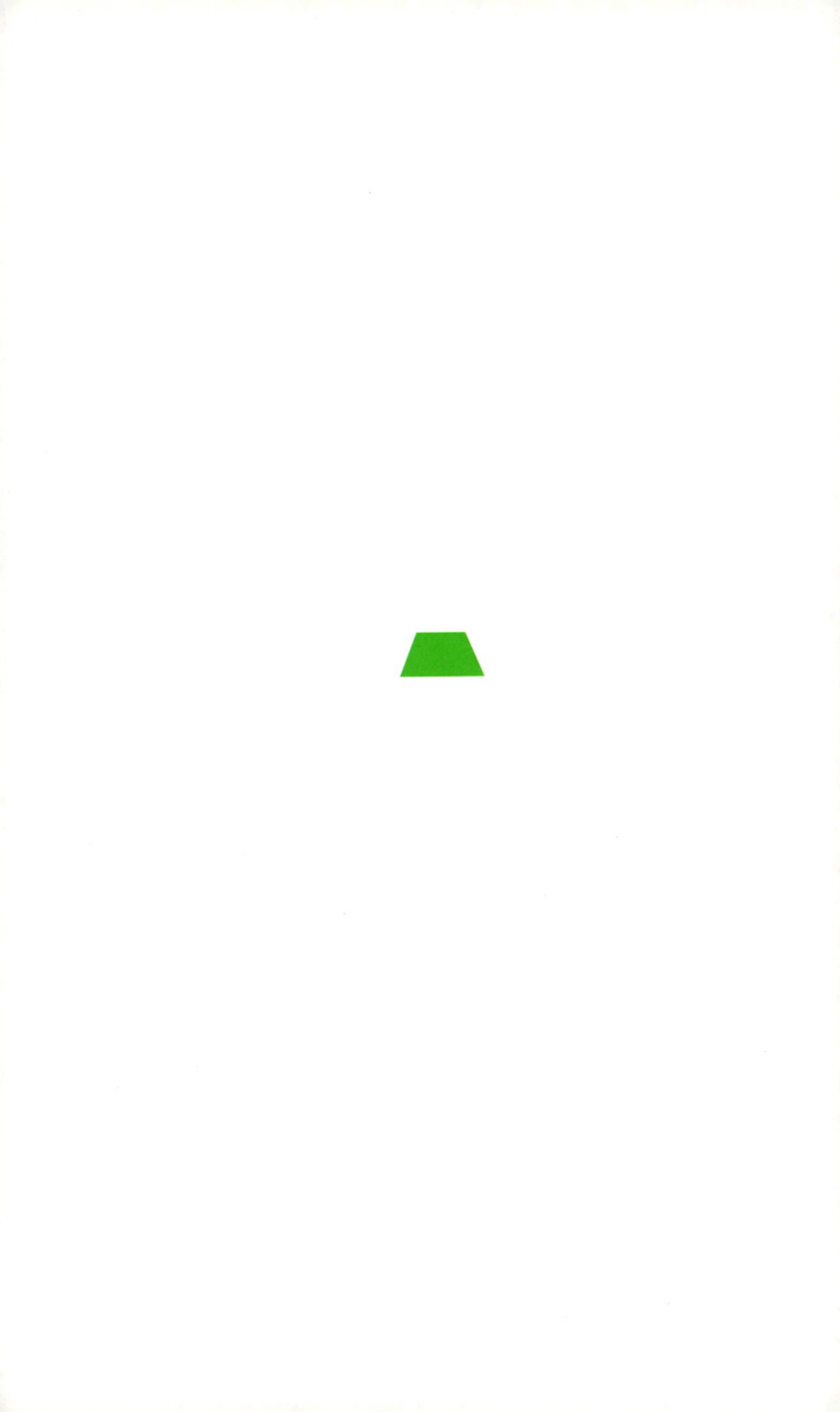

다른 세상이 존재한다면 노점은 안 할 거예요

강남역 | 심성식

강남역 사거리 뉴욕제과 뒤편에서 핫바 노점을 하는 심 씨는 소아마비로 다리에 장애가 있습니다. 심 씨는 부모와 친척 하나 없는 완전한 혼자입니다. 보육원에서 생활하다 11살 어린 나이에 무작정 뛰쳐나와 온갖 풍상을 겪었습니다. 지금은 노점을 하며 비교적 안정적으로 살고 있습니다.

50대 중반이지만 거리 장사 경력은 40년이 넘습니다. 지하철 껌팔이부터 불법 카세트테이프, 액세서리, 설탕 뽑기까지 노점의 대표 품목을 두루 섭렵했습니다. 그러다 10여 년 전부터 아는 동생과 함께 핫바 노점을 동업으로 이어 오고 있습니다. 엄밀하게 말하면 동생이 장사를 하고 심 씨는 하루에 한두 차례 들르는 정도입니다. 심 씨가 서초 강남지역 노점상 대표여서 시간이 없었고, 장애로 핫바 장사에 도움이 안 돼서 장사는 주로 동생이 하고 심 씨는 중간중간 도와주는 형편입니다.

동업한 동생과는 남다른 인연으로 만났습니다. 동생은 핫바 공장에서 반죽을 납품하던 하청업체 종업원이었습니다. 우연한 기회에 서로 알게 되었고 심 씨가 노점을 하는 것을 알게 된 동생이 먼저 핫바 노점을 제안했습니다. 제안을 받은 심 씨는 망설였습니다. 장애가 있고 조리 기술도 없었기 때문입니다. 그래서 동생이 직접 장사를 맡기로 하면서 동업을 시작했습니다. 사실 동업이나 보조원을 고용하는 것은 노점상 간에도 엄격한 규제 대상인데 심 씨 사정을 아는 주변 노점의 묵인으로 시작할 수 있었습니다.

심 씨는 노점조직 일과 함께 장애인단체 일도 맡고 있습니다. 누구보다 노인, 장애인들의 어려움을 알기에 노점 일로 바쁜 와중에도 외면할 수 없었습니다. 사회에 환원하겠다는 거창한 생각으로 시작한 일이 아닙니다. 늘 옆에서 보면서 힘든 걸 알기 때문에 자신의 일이라고 생각합니다. 이런 생각을 할 수 있었던 것은 심 씨가 누구보다 고생을 많이 했기 때문입니다. 장애가 있는데 어린 나이에 보육원을 뛰쳐나왔으니, 고생은 말로 다할 수 없습니다.

할 수 있는 게 없으니, 종로에서 앵벌이를 시작했습니다. 막노동, 식당 허드렛일, 배달 안 해본 일이 없습니다. 그러다 25년 전쯤에 본격적으로 노점을 시작했습니다. 종로에서 시작해서 대학로, 신림동, 천호동, 서울 시내 이곳저곳에서 노점을 했습니다. 심 씨만 그런 게 아니라 그 당시에는 장소를 옮겨 다니면서 장사하는 노점상이 많았습니다. 지금처럼 노점상들의 위치가 정해져 있지 않았고 사람이 많이 모이는 곳을 찾아서 리어카를 끌고 다니는 노점상이 많았습니다.

" 그때는 제가 노점을 하려고 그런 게 아니라, 나는 돈도 없고 꼬마니까 형들 밑에서 한 거죠. 그러다가 계속 길거리에서 굴러먹다가 스무 살 넘어가고 하니까 내꺼를 해야 되겠다 그렇게 된 거죠."

노점 일을 하면서도 다른 일을 해보려고 노력했으나 쉽지 않았습니다. 무엇보다 소아마비로 인한 신체장애가 문제였습니다. 노점이라도 사장처럼 자기 장사를 하다 보니 여러 사람과 함께 일하는 게 익숙하지 않은 것도 걸림돌이었습니다.

"다른 직업을 전환을 할라 그랬죠. 계속해서 시도를 해봤죠. 택시기사도 해봤다가 때려치우고, 때려치운 건 뭐 개인적인 이유가 있겠지만, 어렸을 때부터 혼자 있다 보니까 뭐 몇 시에 나와서 막... 돈도 그렇고. 누구한테 억압받는 것 같기도 하고 해서 그냥. 그래서 이제 직장생활을 도전하고 싶어요. 근데 잘 안 돼요."

심 씨는 혼자 살고 있습니다. 동거하면서 결혼을 준비한 짝이 있었습니다. 그러다 헤어진 뒤로는 지금까지 혼자 지내고 있습니다. 보육원을 뛰쳐나온 이후 동거 기간을 빼면 줄곧 혼자입니다. 챙겨 주는 사람 없이 혼자 살다 보니 정신적으로도 많이 지치고 삶이 좀처럼 나아지지 않는다는 생각이 듭니다.

" 혼자 있다 보니까 누가 챙겨주는 사람이 없다 보니까 빈곤이 빈곤을 계속 낳게 하는 거죠. 만원을 벌든 십만 원을 벌든 계속 똑같이 되는 거죠. 빈곤의 굴레에서 못 벗어나는 거죠. 가족이나 식구가 있으면…"

" 사실 뭐 웃으면서 얘기하지만요, 이게 정신과 약이에요. 몇 번 자살을 생각했어요. 왜 그러냐면 과연 계속 이런 식으로 살아야 되나? 그니깐 복잡합니다. 자살을 하자니 용기가 없고 겁 많고, 살자니 추해지고 이런 생각이 개인적으로 많이 들어요."

그래도 거처가 생기면서 생활이 안정되고 마음도 다소 편해졌습니다. 현재 심 씨는 강서구 가양동 임대주택에 살고 있습니다. 한 5년 전에 임대주택에 입주했습니다. 원래는 노점을 하는 서초구에 임대주택을 신청했는데 대기자가 많아서 8년이 지나도록 순서가 돌아오지 않았습니다. 일정한 거처 없이 사우나에서 잠자리를 해결하던 심 씨를 보다 못한 구청 직원이 알려줘서 강서구에 터전을 잡게 되었습니다. 강서구는 임대 주택이 많고 상대적으로 서초구보다 입주가 쉬워서 신청하고 얼마 있지 않아서 임대 주택에 입주했습니다. 노점이 있는 서초구와는 거리가 제법 되지만 지하철이 있어서 큰 불편 없이 오가고 있습니다.

" 거 뭐 집이라는 게 뭐 조그만 아홉 평짜리지만 언제든지 가서 맘 편히 가서 잘 수 있고, 아주 좋죠. 그러니까 돈이 없어도 행복해요. 아무것도 집에 쌀이 떨어지든 뭐가 없어도 일단 아무 생각 없이 발 뻗고 잘 수 있으니까요."

자치단체의 노점 관리는 지역마다 차이가 있습니다. 서초구는 현재 영업 중인 노점은 암묵적으로 인정하고 새로 시작하는 노점은 철저히 관리합니다. 그러나 때로는 신규 노점을 단속하면서 기존의 노점도 함께 단속의 대상이 되기 때문에 노점상들이 자신의 지역을 자체적으로 관리합니다. 그래서 노점 간의 갈등이 발생하기도 합니다.

" 서초구에서는 누가 하나 신규 발생이 되잖아요. 자리를 누가 하나 깔았어요. 모르는 사람이. 그럼, 우리 전체적으로 단속을 해. 왜냐, 우리가 깔은 건 줄 알고 우리 묵인하에. 그래서 노-노 싸움을 시키는 거죠."

노점 단속의 가장 큰 이유로는 인근 상가 상인들의 민원을 손에 꼽습니다. 그러나 심 씨는 꼭 그렇지만은 않다고 말합니다. 노점상들로 인해 거리가 혼잡하고 일부 노점은 인근 상가와 품목이 겹치는 문제가 있지만, 노점이 사람들의 발길을 붙잡고 거리에 활력을 주는 긍정적인 면도 있습니다. 이것은 인근 상가 상인도 인정하는 부분이어서 지역 상가 상인과 노점상 간에는 암묵적 상생 관계가 맺어졌다고 말할 수 있습니다. 때로는 선을 넘어서 갈등이 생길 때도 있지만 매일 서로 얼굴을 마주하는 사이여서 문제로만 생각하면 서로가 피해만 봅니다.

"상가연합회 그분들하고도 우리하고 연대가 잘 돼요. 그분들 행사 때나 우리 행사 때나 서로 간에 품앗이 다니고 도와줄 일 있으면 도와주고 골목 청소 이런거 다하는데. 구청에서는 단속하는 빌미가 뭐 민원, 그리고 니네들 불법. 이거로 해서 단속을 하는데, 내부적으로 할

얘기가 많겠지만 구청도 마찬가지 아닙니까. 니들이 단속을 안 하면 직무 유기밖에 더 됩니까."

심 씨는 노점 민원을 내는 사람 중에는 근처에서 영업하다 사업을 접은 사람도 있다고 합니다. 심 씨가 노점영업을 하는 뉴욕제과 뒤쪽으로는 일 년에도 30개 정도가 새로 열고 닫습니다. 이 중에 노점 때문에 장사가 안돼서 망했다고 상가 번영회에 하소연하고 구청에 민원을 제기하는 사람이 있고, 직접 리어카를 끌고 나와 노점을 시작하는 사람도 있습니다.

기존 노점들은 점점 줄어들고 있습니다. 여러 가지 이유가 있지만 무엇보다 노점을 운영하는 상인들의 고령화가 가장 큰 이유입니다. 지난해 심 씨 지역인 서초구에서도 세 분이 노점을 접었습니다. 70대인 한 분은 허리를 다쳐 노점을 접었고, 한 분은 냉동탑차로 전업했고, 한 분은 건물 뒤편으로 이전한 뒤에 매상이 줄어서 어쩔 수 없이 노점을 접었습니다.

노점상들의 최대 쟁점은 품목입니다. 품목은 워낙 민감한 문제여서 대체로 정해진 품목을 유지하는 것이 암묵적 규칙입니다. 하지만 심 씨는 품목도 자율적으로 정할 수 있어야 한다고 생각합니다. 심 씨는 품목 선정을 자유롭게 해도 노점마다 사정이 달라서 하나의 품목으로 쏠리지 않을 것이라고 말합니다. 노점도 상도덕이 있어서 서로가 기본만 지키면 그런 문제는 없을 것이라는 게 심 씨의 생각입니다.

"내가 지부장을 하면서 전 품목 자율화를 캐치프레이즈로 걸었어요. 그니까 하고 싶은 거 해. 상도덕 지키고 하고 싶은 거 하는데 형편이 여건이 안 돼요. 먹거리를 하다 보면 일이 끝도 없이 많구요. 부부가 하든가 그것도 알바까지 써가면서 해야 되는 부분이 있어요. 그러나 그 사람들이 돈을 버는 거를 달라 그러는 게 아니라 그만큼 생각이나 배려를 하라는 주장을 계속하는 거구요."

"10만 원을 벌든 100만 원을 벌든 내가 좀 없는 사람을 위해서 배려, 누가 나눠달래요. 어떤 물건을 팔든 똑같은 물건을 팔든 인정을 해주고. 아, 이게 우리 자체적으로 바꿔야 되는 부분이죠. 그니까 좀 주류와 비주류의 이런 문제도 있어요. 기본적으로 갖고 있는 노점의 생각과 비주류를 얼마 되지도 않는 이런 부분, 여기를 융화를 잘해야지 노점조직도 잘해야 되는 거죠."

심 씨는 처음에 설탕 뽑기에서 핫바로 품목을 바꿨습니다. 핫바도 먹거리여서 심 씨가 아니라 다른 사람이었다면 주변 노점상들의 반발이 심했을 것입니다. 심 씨는 워낙에 가진 게 없고 찜질방에서 생활하는 데 장사도 안돼서 오히려 주변에서 품목 변경을 권했습니다.

"회원들이 보다 못해 야! 품목 안 바꾸냐, 처음에는 안 바꾼다 그랬어요. 잔머리를 쓴 게 아니라 떡볶이, 오뎅, 순대를 하고 싶은데 공간도 안 나오고 저게 돈이 되는데 먹거리 아니면 돈이 안 되는 거예요. 먹거리 아니면 불가능하디 공산품은. 뭐 계속 있다가 핫바로 하겠다 그러니깐은 보통 때 같으면 그 품목 갖고도 여러 가지 의견이 나오고 조금 시끄러워질 부분인데 워낙 극빈자로 살다 보니까 야, 안돼! 이렇게 말할 사람이 없게 만든 거죠."

노점상이 품목에 민감한 데는 사람들이 먹거리를 선호하

는 이유가 있습니다. 먹거리 이외 대표적인 노점 품목인 공산품의 경우 팔고 남는 재고가 문제가 됩니다. 먹거리와 달리 공산품은 어떤 상품이든 유행이 있어서 자칫하면 재고만 쌓이게 됩니다. 요즘처럼 유행이 빨리 바뀌는 시대에는 더욱 그렇습니다. 자연스럽게 재고 부담이 덜하고 사람들이 선호하는 먹거리로 노점이 몰리게 됩니다.

" 먹거리 아니면 준 먹거리 정도 아니면 돈벌이가 안 되는 거죠. 뭐 모자, 목도리, 귀걸이, 반지 뭐 다. 공산품 장사는 앞으로 남고 뒤로 깨져요. 왜 뒤로 깨지냐, 재고가 처져요. 백만 원어치 떠오면 백만 원어치 다 팔아야 되는데 이 중에 50%만 팔리고 50%는 물건이 처져요. 그러니까 비싸게 주더라도 반품이 천 원이다 그러면 이 물건을 나한테 사백오십 원 주는데 반품 있이 팔백 원에 주세요, 못판다 그러면 팔백 원에 다시 인수를 해주세요, 이백 원만 남길게. 이 식으로 해야 돼. 공산품은요. 그래야지 재고가 안 처지지. 그래야 살아남는 방법인데 마진이 작죠. 그니까 많이 팔아야 되고. 그니까 앞으로 남고 뒤로 깨진다는 노점이 그런 거예요."

심 씨는 학교에 다니지 못한 아쉬움이 큽니다. 보육원을 뛰쳐나온 이후로 먹고살기에 바빠서 공부는 엄두도 내지 못했습니다. 시간이 지날수록 정규 교육을 받지 못하고 공부를 하지 못한 게 후회스럽습니다. 대신에 노점을 하면서도 매일 신문을 읽고 시간 날 때마다 좋은 책을 읽으려고 노력했습니다. 남들에게 말할 때도 논리적으로 말하려고 신경을 썼습니다.

"생계 수단으로 해보니까 열심히 하면은 우리나라가 암울하지만, 누구든지 열심히 하면은 먹고 살 기회는 있지 않을까요. 난 그래서 멀쩡한 사람들이 내가 장애인이라서 그런지 멀쩡한 사람들이 거지로 지내는 건 야, 노가다 가서 이 악물고 그냥 하루가면 칠 팔만 원 버는데 그 돈 갖고 이삼 일. 돈 떨어지면 또 하면 될 거 아니냐. 왜 이렇게 노숙자로 있냐. 일하기 싫고 나도 그런 부분이 있었거든요. 나도 지금도 돈 몇만 원 있으면 술값 있어. 안 해. 뭘 하냐, 이런 부분이 있어요. 사람이 서 있으면 앉고 싶고 앉아 있다 보면 눕고 싶고 왜 이런 거. 이게 어쩌면 운명이다 받아들여요."

" 후회를 하죠 노점을 했던 부분에 대해서는. 정말로 다른 세상이 존재한다면은 노점은 내가 안 할 거 같아요. 정말로 노점은. 내가 죽어서 다른 세상이 존재한다면 노점은. 그리고 어쩔 수 없이 노점 하시는 분들이 대부분이에요. 7, 80% 거의 다라고 봐야죠."

노점이 먹고 살게는 해 주었지만, 다른 기회가 있다면 다시는 하고 싶지 않다는 심 씨의 말이 그의 오랜 노점의 시간만큼이나 무겁게 들립니다.

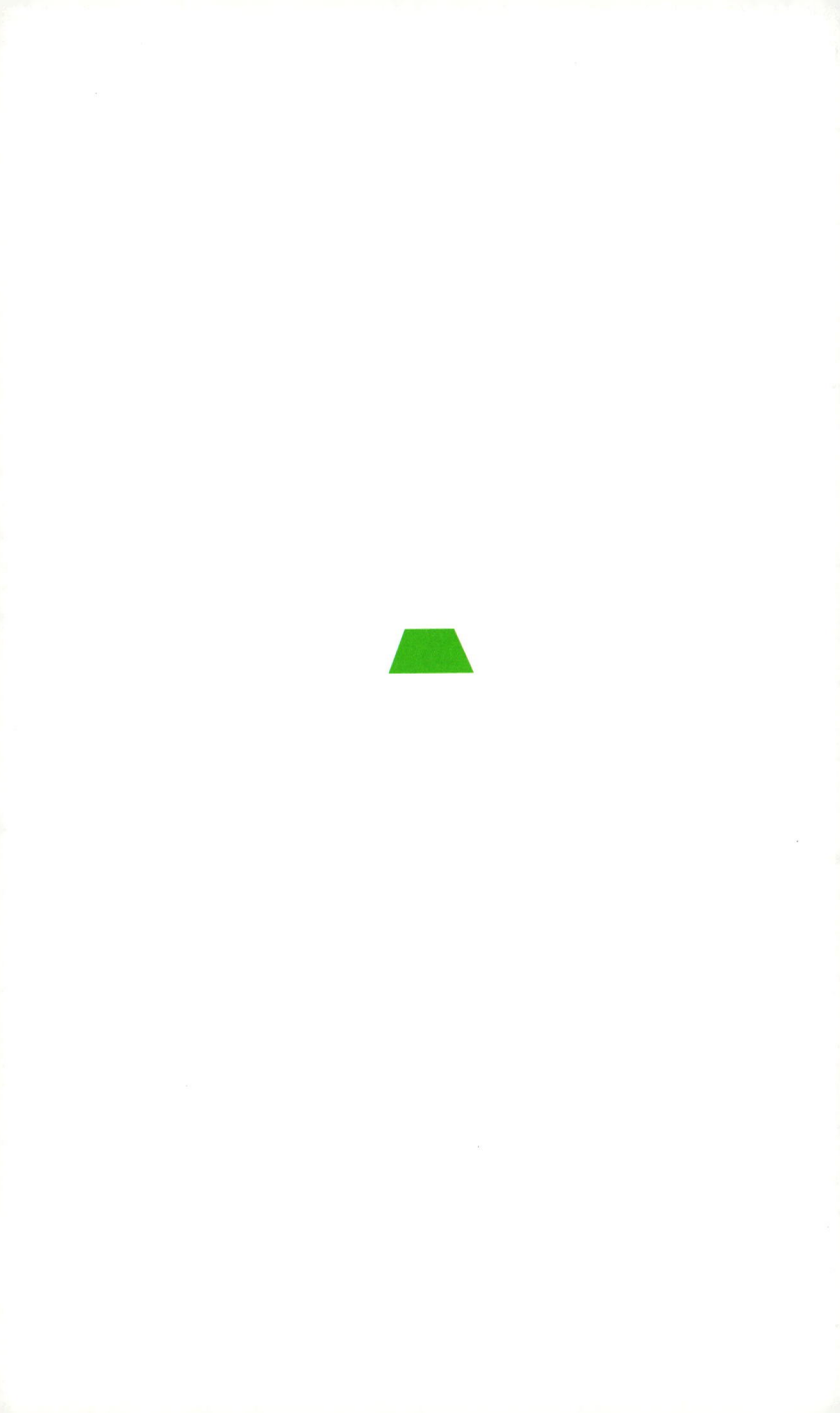

처음에는 창피해서
가판대를 나오지 못했어요

석계역 | 유은주

유 씨는 성북구의 등록 노점을 운영합니다. 비교적 안정적으로 노점을 하면서 행정과 큰 갈등을 겪지도 않습니다. 같은 구역의 다른 노점상과 갈등이 있었으나 지금은 정리되어 평온해졌습니다. 유 씨는 노점 장사가 신통치는 않지만, 노점을 시작한 이후로는 어느 때보다 자신 있게 살고 있어서 좋습니다.

석계역 근처에서 포장마차를 하는 유 씨는 경력 7년 차의 중견 노점상입니다. 하지만 포장마차 일은 아직도 서툴게 느껴집니다. 처음에는 커피 노점으로 시작해서 포장마차는 이제 4년째입니다. 아직도 포장마차 음식을 만드는 일이 익숙하지 않습니다. 그래도 포장마차는 유 씨에게 최후의 보루이자 특별한 곳입니다.

현재 유 씨는 아들과 함께 살고 있습니다. 유도선수였던 남편은 심장질환으로 아들이 초등학교 5학년 때 세상을 떠났습니다. 운동선수에게 많이 생긴다는 확장성 심근염으로 오랜 투병을 했습니다. 남편 심장의 문제는 결혼 전에 알았습니다. 더 이상 나빠지지 않아서 그냥 사는 경우도 있고 무엇보다 건강에 문제가 있다고 헤어질 수는 없었습니다. 1995년에 결혼을 했고 남편은 큰 문제 없이 직장 생활을 했습니다. 그러다 발병하여 버티기 어려운 상황이 되었고 2002년에 심장 이식을 받았습니다.

그러나 결과가 좋지 못했습니다. 이식 부작용과 합병증이 겹쳤습니다. 5년간의 투병 생활 끝에 세상을 떠났습니다. 유 씨는 병원비를 마련하기 위해 일을 하면서 남편 간병까지 하는 힘겨운 삶을 살았습니다. 남편이 죽고 한동안 우울증으로 무기력한 삶을 살았습니다. 그런 유 씨를 깨운 건 아들이었습니다. 집에 있으면서도 우산을 갖다주지 않는 자신에게 '엄마는 왜 그러느냐'는 아들의 한마디에 정신을 차렸습니다. 그동안 너무 오랫동안 집에만 있었다는 것을 깨달았고 무엇이든 해야겠다는 결심이 생겼습니다.

집 밖으로 나온 유 씨가 처음 한 일은 닭갈빗집 아르바이트였습니다. 무거운 철판을 서빙하고 매번 씻어야 하는 닭갈빗집 일은 육체적으로 매우 힘들었습니다. 결국 허리가 탈이 나는 바람에 한 달 만에 그만뒀습니다. 한의원을 다니며 몸을 추스른 유 씨가 다시 구한 일자리는 벼룩시장 구인 광고를 보고 찾아간 커피집이었습니다.

한 달쯤 지나서 카페 사장은 가게를 직접 운영하지 않겠냐고 했습니다. 사장은 직장생활이 힘들어 자기 일을 하겠다고 카페를 열었는데 장사가 맞지 않아 힘들어했습니다. 그러던 차에 아르바이트인데도 자기 가게처럼 열심히 일하는 유 씨를 보면서 믿음이 생겼습니다. 사장의 제안은 조건도 좋았습니다.

지금 돈이 없는 유 씨의 사정을 생각해서 2년 뒤에 갚으라는 조건이었습니다. 유 씨는 거절할 이유가 없었습니다. 이렇게 유 씨는 별안간 커피가게를 하게 되었습니다.

처음에는 장사가 꽤 잘 됐습니다. 그때만 해도 프랜차이즈 카페가 많지 않고 인근에 사무실들이 많아서 입지도 좋았습니다. 그런데 시간이 지나면서 사무실들이 이전하고 인근에 카페들이 점점 늘면서 경쟁이 심해졌습니다. 결국 버티다가 못 견디고 문을 닫았습니다. 가게를 정리하고 주인에게 비용을 정산하니 유 씨의 손에는 이천만 원이 남았습니다.

"한 달 만에 주인이 저한테 그런 제안을 한 거지, 한 달 만에. 해보겠냐고. 그래서 겁은 났지만 한다고 해서 2년을 잘 먹고 잘살았어요. 장사해 가지고 애 해줄 수 있는 거 다 해주고, 저기 이자금 내가면서. 그 사람 때문에 너무 난 도움을 받았고 저한테 진짜 은인이었기 때문에. 그래서 팔아서 갚은 거죠, 그냥."

가게를 정리하고 생계가 막막하던 차에 석계역 노점 자리를 알게 되었습니다. 아는 언니가 하던 노점이었는데 더 이상 할 수 없게 되어 사정이 딱했던 유 씨에게 자신의 노점을 해보겠냐고 했습니다. 막상 제안받으니, 길거리에서 장사하는 노점이 부담스럽고 무엇보다 부끄러운 생각이 들었습니다. 그러나 이것저것 따지고 고민할 상황이 아니었습니다. 유 씨는 그렇게 노점을 시작하게 되었습니다.

유 씨가 아는 언니의 노점 자리를 넘겨받은 데는 노점 특화 거리인 디자인 노점 조성 사업과 관련이 있습니다. 2007년에 노점 관리 특별대책으로 시작된 서울시 노점 특화 거리는 규격화된 노점을 적절하게 배치해서 시민들의 불편을 최소화하면서 노점을 운영하도록 만들어진 사업입니다. 기존의 단속 일변도 노점 대책에서 한 단계 발전한 상생 방안입니다. 노점 시간제 운영, 규격화, 노점관리 카드 등 체계적 관리로 노점영업을 인정하면서도 시민의 보행권을 보장하고 도시 미관을 생각한 정책입니다. 노점 특화 거리 조성 사업에 적극적이었던 성북구는 주요 노점 밀집 지역을 디자인 거리로 지정했습니다. 유 씨가 노점을 시작하게 된 석계역 일대도 여기에 포함됩니다.

유 씨가 넘겨받은 노점의 품목은 떡볶이였습니다. 요리에 자신이 없었던 유 씨는 떡볶이가 부담스러웠고 장사 경험이 있던 커피를 하기로 마음을 먹었습니다. 길거리 장사인 노점상에게 품목은 대단히 민감한 사항입니다. 인근 노점에서 무엇을 파느냐에 따라 노점영업에 직접적으로 영향을 미치기 때문입니다. 다행히 커피는 떡볶이와 같은 먹거리이지만 음료수 노점은 거의 없었습니다.

  품목이 기존의 노점들과 겹치지 않아서 품목을 바꾼 것에 동의를 구하고 커피점으로 구청에 등록했습니다. 등록 후에는 디자인 노점 거리에서 영업하기 위해 '박스'로 불리는 가로판매대를 사고 기자재를 마련해서 노점을 시작했습니다. 하지만 유 씨에게 노점은 쉽지 않았습니다. 가로판매대이긴 하지만 노점상을 스스로 인정하기까지 시간이 걸렸습니다. 경험이 있는 품목이라 정했는데 테이크아웃으로만은 한계가 있었습니다.

"처음에 가게 문을 딱 여는데 가판대 안에서, 해 떨어질 때까지 문을 못 열고 들어가 있었어요. 창피해서. 그러다 장사를 시작했는데 이게 길바닥에 커피 장사가 안 되더라구요. 커피 테이크아웃을 했거든요. 제가 배운 게 그거니까. 안 되더라구요."

유 씨는 또 한 번 품목을 바꾸기로 했습니다. 장사가 안되기도 했지만, 건강도 문제였습니다. 목디스크와 손목관절 문제로 커피를 내리기는커녕 컵을 드는 것도 힘들었습니다. 어쩔 수 없이 장사를 중단하고 병원 치료를 받아야 했습니다. 치료 후에 다시 노점으로 나섰지만 더 이상 손목을 많이 사용하는 커피는 어려웠습니다. 그래서 원래 품목이었던 포장마차를 하기로 마음을 먹었습니다.

유 씨는 다시 한번 같은 구역의 노점상들에게 동의를 구했고 유 씨의 건강 상태를 알던 주변 노점상들은 큰 반대 없이 합의해 줬습니다. 문제는 구청이었습니다. 구청은 품목 변경을 인정하지 않았습니다. 구청은 유 씨의 노점 자리가 먹거리 품목은 맞지만, 주류 포장마차는 아니어서 술을 파는 포장마차는 안 된다는 의견이었습니다. 주변 노점상들이 동의해도 행정은 특화 거리 운영 규정에 따라서 판단하기 때문에 품목 변경이 받아들여지지 않았습니다.

유 씨와 이웃 노점이 함께 담당자를 찾아가 통사정한 끝에 철저한 위생과 시간 관리를 포함한 운영 규정 준수를 조건으로 품목 변경 허가를 받았습니다. 그렇게 포장마차 노점을 한 지 이제 5년째입니다. 장사가 잘되는 건 아니지만 기본적으로 들어가야 하는 돈이 거의 없어서 크게 걱정은 하지 않습니다. 대신 생활비를 충당하기 위해 노점 영업 전에 국숫집에서 아르바이트합니다. 일한 지 얼마 되지 않았지만, 생활에 도움이 되고 가게도 노점과 멀지 않아서 좋습니다.

처음 노점을 시작한 유 씨는 같은 구역에서 오랫동안 노점을 하던 다른 노점상 때문에 상당한 어려움을 겪었습니다. 유 씨를 힘들게 한 A 씨는 16년 동안 석계역 주변에서 노점을 하는 장애인 노점상입니다. A 씨는 노점단체 지부장이기도 했습니다. 구청 등록 노점임에도 불구하고 A 씨는 유 씨에게 자릿세를 비롯하여 갖가지 명목으로 돈을 요구했습니다. 돈을 받은 후에도 심리적 압박을 가했습니다.

A 씨의 횡포는 유 씨만이 아니라 다른 사람들에게도 마찬가지였습니다. 사실상 관행으로 받아들이고 있었습니다. 이전부터 이어져 오던 일인 데다 휠체어를 타고 다니는 여성장애인인 A 씨를 어쩌지 못했습니다. 게다가 다툼이라도 생기면 깡패들을 데려와서 행패를 부렸습니다. 자연스럽게 다들 A 씨를 피했고 결국 A 씨가 노점상들 위에 군림하는 꼴이 되었습니다.

" 좀 요상한 사람이 하나 있어요. 알고 보니까 그 사람이 한 16년을 노점상들을 우려먹었나 봐요. 그런 사람이 하나 있어요. 심심하면 툭 가판대 자기 휠체어로 툭 차고 가면서 돈 뜯으면 돈 줘야 되고. 하여튼 그런 상황이 있었어요. 자릿세도 뜯기고 그 외 장사하면서 뜯기고 또 생일이라고 또 얼마 뜯기고 엄청나게 뜯겼어요."

그러다 A 씨의 횡포를 참지 못한 유 씨를 비롯한 몇몇 여자 노점상들이 결국 문제를 제기하고 A 씨와 부딪히게 되었습니다. 우여곡절이 많았지만 결국 A 씨는 지부장을 관두고 자신의 노점만 운영하게 되었습니다. 하지만 A 씨는 여전히 자신의 마음에 들지 않으면 구청에 민원을 넣어서 노점상들을 괴롭힙니다. 이게 A 씨 덕분인지는 모르겠지만 이런 일로 석계역 일대 노점상들이 더욱 긴밀해졌습니다.

" 그 사람은 구청에서도 건들지를 못하고 경찰서에서도 건들지를 못해요. 근데 그런 사람을 여자 몇몇이 의기투합해서 내렸어요. 16년 만에. 16년 만에 그 사람을 내렸으니 얼마나 큰 고난이 있었겠어요. 막 깡패들 데리고 와서 칼부림도 났으니까. 칼 들고 나왔으니까. 근데 그 사람은 또 고소장을 우리가 다섯 여섯 장을 썼거든요. 그런데도 구속이 안 돼요. 신장 투석하는 사람이고 장애인이고 아무도 못 건드리는 사람을 하여튼 내려 앉혀가지고 지금, 이 상황이 된 거예요."

무엇보다 이런 과정을 겪으면서 유씨 스스로 변했습니다. 처음 노점을 시작할 때는 박스 밖을 못 나올 정도로 내성적이었으나 이젠 당당해졌습니다. 그게 가장 큰 성과라고 자부합니다. 노점상을 하면서 유씨는 무엇보다 혼자 잘 살 수 있게 되었고 뭐든 다 할 수 있을 것 같다는 자신감을 갖게 되었습니다.

"저는 사실, 원래 성격이 좀 조용한 편이고 잘 어울리는 그런 성격은 아니고 와일드하지도 않아요. 싸울 줄도 몰라요. 근데 노점상 하면서 성격이 좀 변하긴 했는데, 그래도 저는 주도적으로 뭘 하는 스타일이 아니에요. 경제적으로는 전 손해 봤어요. 여기 와가지고. 근데 6년 동안 이익이라고 생각하면 경험. 그리고 제가 좀 깡다구가 생겼어요."

 창피해서 노점을 시작한 첫날에 해 떨어질 때까지 밖으로 얼굴을 내밀지 못하던 유 씨는 석계역 노점의 16년 난제를 해결한 사람이 되었습니다. 자신도 이 경험이 가장 큰 성과라고 말합니다. 석계역에 가면 유 씨의 자신감이 담긴 남다른 떡볶이가 있습니다.

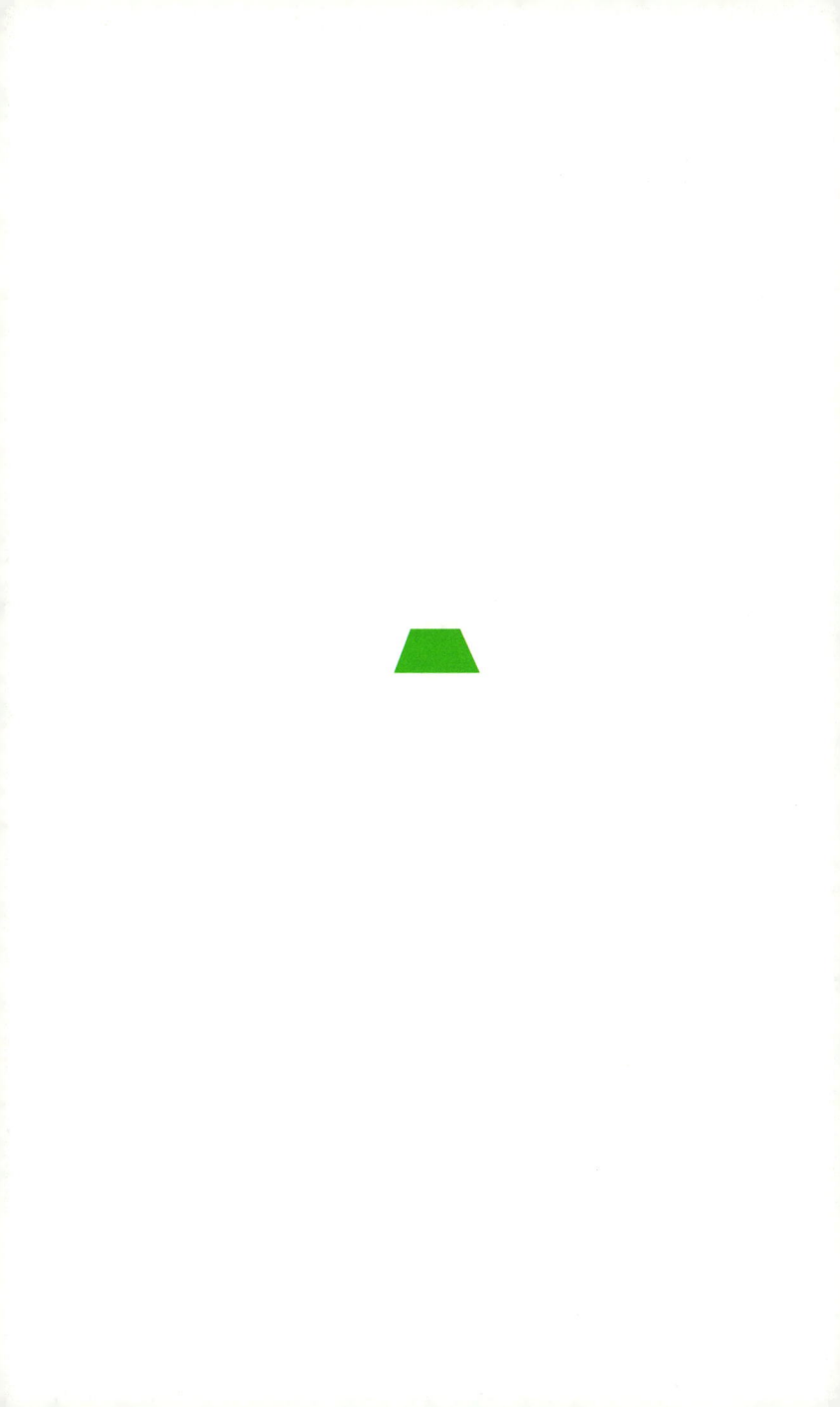

노점정보

Q. 노점 인터뷰?

노점의 어제와 오늘, 생생한 애환을 듣기 위해서 10년 이상 된 노점상으로 기준을 정했습니다. 열두 명을 목표로 한 건 아닌데 최종적으로 일 년 열두 달처럼 열두 명의 노점상을 만나게 되었습니다.

Q. 노점상의 평균 연령과 노점 기간?

조사자의 평균 노점 기간은 27년이고 평균 연령은 64세입니다. 사실 경력에 비해 나이는 많지 않은 편입니다. 노점을 대부분 20대에 시작했고 심지어 10대에 노점을 시작한 분도 있습니다. 이 씨 할아버지는 1961년에 리어카로 채소 행상을 시작해서 노점 경력이 56년입니다. 우리나라 현대사를 노점으로 겪었습니다. 이 외에도 40년 경력의 김 씨 할머니, 35년 경력의 주 씨 아저씨처럼 노점으로 잔뼈가 굵은 분들입니다.

Q. 노점의 시작?

사연은 다르지만 노점을 시작한 이유는 하나입니다. 먹고 살기 위해서입니다. 56년 경력의 이 씨 할아버지부터 가장 경력이 짧은 7년 경력의 유 씨까지 노점은 이들의 생계 수단이고 직업입니다. 노점을 시작한 시기는 많은 차이가 있습니다. 가장 빠른 시작이 1961년이고 늦은 시작이 2008년으로 40년 이상 차이가 납니다. 구체적으로는 1960년 이후 70년대까지가 2명, 80년대가 4명, 90년대가 3명, 2000년대가 2명으로 다양합니다.

Q. 노점의 위치?

노점의 입지는 다른 장사와 마찬가지로 최대 관심사입니다. 노점은 사람을 붙잡을 수 있는 넉넉한 공간을 갖춘 상점이 아닌 길거리 장사입니다. 먼저 사람들의 이동이 많아야 합니다. 그렇다고 사람들의 이동이 많은 곳에 자리를 잡으면 통행을 방해해서 단속됩니다. 그래서 도로변은 노점의 최대 입지이자 중점 단속 지역입니다. 노점상과 단속반의 갈등은 어쩌면 피할 수 없는 일인지도 모릅니다. 다행히 노점 문제로 갈등을 겪은 많은 지역에서 이제는 협의로 문제를 해결하고 있습니다. 지금 안정적으로 노점이 운영되는 지역은 단속에 대한 노점의 저항과 협의가 이뤄낸 결과입니다.

Q. 노점의 내부 갈등?

노점이 꼭 단속과만 갈등이 있는 것은 아닙니다. 노점 자리를 놓고 노점상들 간에도 첨예한 갈등이 생깁니다. 노점 자리가 곧 매상과 연결되어 생존으로 이어지기 때문입니다. 자리가 정해져도 자신의 물건을 더 많이 펼쳐 놓고 팔 수 있는 공간을 확보하기 위한 치열한 경쟁이 기다립니다. 경쟁이 격해지면 싸움으로도 이어집니다. 이렇게 어느 정도 자리가 정해지고 공간 정리가 되어도 새로운 노점이 들어오면 긴장 관계가 발생합니다. 우리가 무심코 지나치는 노점은 이렇게 보이지 않은 자리싸움을 이겨낸 곳입니다.

2장

숨이 콱콱 막히게
힘들게 벌었어요

경동시장 | 박미옥

 박 씨는 남편이 사우디 건설 현장으로 떠난 뒤에 자신도 생활비를 벌기 위해 노점을 시작했습니다. 그때가 1980년입니다. 건설일을 하는 남편 벌이로는 자식 넷을 키우기에는 벅찼습니다. 집에서 부업도 해봤지만, 하루 천 원 벌이도 안 됐습니다. 1980년 남편이 사우디로 떠난 다음 해 도저히 안 되겠다고 생각한 박 씨는 대야 하나 들고 노점 장사를 하기 위해

무작정 거리로 나왔습니다. 어디에서 무엇을 팔 것인지 계획도 없었던 박 씨는 용산시장, 가락시장 등 재래시장을 돌아다니며 장사를 시작했습니다. 품목은 보리쌀이었습니다. 쌀가게에서 두 말씩 사서 직접 이고 와 시장에서 팔았는데, 힘들었지만 장사는 잘됐습니다. 사우디에서 3년 동안 일한 남편은 1982년에 귀국했고 남편이 번 돈으로 미아동에 집을 장만했습니다. 하지만 박 씨는 노점을 그만둘 수 없었습니다. 목수인 남편 벌이가 그렇게 넉넉지 않은 데다 일이 없을 때가 많아 애들 넷을 가르치며 먹고 살기가 힘들었습니다.

" 보리쌀 한 말씩 다라이에다 막이고 돌아댕기다가, 보시다시피 키도 쪼그맣고 체격도 적은데 보리쌀 두 말 서 말이면 엄청 무거워요. 조금씩 조금씩 벌어가지고 애들 이렇게 가르치고. 그래서 어떻게 하다가 88년도에 경동시장을 들어왔어요. "

" 남편이 목수 일을 하는데 제대로 한 달이면 한 보름밖에 일을 못 해요. 일이 없어가지고 사우디 댕겨오고 인자 여기 와서는 일이 별로, 딱 어디가 지정해 놓고 있는 일이 없어 갖고. 여기서 이렇게 하다가 없으면, 그리고 겨울에는 계속 놀고. 그러니까 도저히 안 되겠더라고요. 여자가 안 나오면. 내가 88년도 6월 달에 들어와가지고 계속 그때부터 여기까지 한 거예요."

딱히 정해진 시장 없이 이곳저곳을 다니던 박 씨는 1988년 6월 경동시장에 자리를 잡았습니다. 품목은 역시 보리쌀이었습니다. 그런데 우연히 방게를 알게 되었고 서해안 방게를 도매로 팔게 되었습니다. 새벽 4시 평택에서 올라온 게를 아침에는 수원과 인천에서 오는 도매상에게 주로 팔고 남은 건 소매로 직접 팔았습니다. 방게는 흔치 않은 품목인 데다 경동시장에서 혼자 취급해서 장사가 잘됐고 벌이가 좋았습니다.

큰 재래시장을 여기저기 돌아다닌 경험으로 당시 경동시장에서는 아무도 팔지 않던 방게를 생각했고 예상이 적중했습니다. 현재 박 씨는 방게와 함께 표고버섯을 팝니다. 다소 어울리지 않는 품목인데 겨울철에는 방게가 없어서 표고버섯을 팔기 시작한 게 시작이었습니다. 처음 표고버섯을 시작할 때는 직접 도매상에 가서 한 관씩 갖다기 팔았는데 지금은 주문하면 직접 가져다주니 훨씬 수월해졌습니다.

"처음에는 이 게를 평택에서 실어다 줬거든요. 그때는 많이 팔았어요. 이 근방에서 저 혼자 해 가지고. 내가 막 도매를 냈어. 도매를 내가지고 아침에 막 장사꾼 할머니들이 와가지고 이거를 못 갖고 가잖아요. 그래가지고 할머니들 물건 산 거를 내가 제기동 전철역 지하도에 2천 원씩 받고 여다 줬어. 그 무거운 보따리를. 2천 원 벌기 위해서 아침에 다섯 번은 지하철을 여기서 다섯 번 왔다 갔다 하고 나면요. 숨이 콱콱 맥혀. 다섯 번이면 만원 벌잖아요. 그렇게 해 가지고 진짜 진짜 힘들게 벌고 살았어."

재래시장 노점은 거리 노점과 차이가 있습니다. 재래시장 노점은 지자체가 개입하는 때도 있지만 대부분 시장별로 자체적으로 운영합니다. 상인회가 중요한 사항을 결정하고 관리업체가 노점관리를 합니다. 노점은 관리업체 소속 경비원이 맡습니다. 지금은 상인회와 협의하여 일을 진행하지만, 과거에는 그렇지 않아서 경비원과 노점상의 갈등 원인이 되곤 했습니다.

" 시장에 있는 경비, 시장경비가 말도 못 했어요. 그때는 이제 완전히 이 경동시장이 경비가 완전히 대장이여. 경비들한테 잘못 뵀다 하면 계속 쫓겨 다니고 그래야 혀. 진짜 그때는 노점을 못 했어요."

그러다 10년 전부터 경비원의 단속이 줄었습니다. 노점상들 스스로 자율 정비를 하고 주요 사안은 상인회와 협의합니다. 청소는 쓰레기봉투를 사 각자 실시하고, 전기는 노점 구간별로 설치된 계량기 사용량을 기준으로 요금을 분담하고, 화장실은 시장 안에 설치된 공동화장실을 이용합니다. 박 씨처럼 취급 품목이 게와 표고버섯처럼 생물이면 보관이 중요해서 팔고 남으면 다른 노점상의 도움을 받아서 인근 점포 냉장고를 이용합니다. 대부분 10년 이상 오랫동안 함께해서 시장 상인과 노점상들 간의 끈끈한 동료애가 있습니다.

" 친해요. 형제간들 같고 서로 먹을 거 있으면 나눠 먹고."

노점경력도 있고 나이도 있어서 주변에서는 작은 가게를

얻어 편하게 장사를 하라고 합니다. 하지만 박 씨는 경동시장을 떠나면 더 이상 장사는 하지 않겠다고 말합니다. 장사를 해야 한다면 여기 노점이 좋다고 합니다. 불볕더위와 칼바람 마주하며 시장 한가운데서 갖은 고생을 했지만, 특별한 기술도 없고 가진 돈도 없었던 자신이 자식들 키우고 이렇게 살 수 있게 된 것은 노점 때문이라고 말합니다.

앞으로도 아프지만 않으면 노점을 계속할 생각입니다. 시장은 설날에 쉬고 사실상 딱히 정해진 쉬는 날이 없습니다. 본인이 쉬고 싶을 때 쉬는데, 어디가 심하게 아플 때 아니면 쉬지 않습니다. 집에서 쉬면 오히려 더 아프게 느껴질 정도입니다.

시장에서 노점 하기는 이전보다 훨씬 좋아졌습니다. 그런데 장사가 안돼서 걱정입니다. 노점상만 그런 게 아니라 경동시장 전체가 똑같이 걱정합니다. 이제 시장을 찾는 사람이 많이 줄어서 그렇습니다. 과거에 비하면 오 분의 일밖에 되지 않습니다. 박 씨는 재래시장이 살아야 노점도 산다고 말합니다. 앞으로도 힘닿는 데까지 노점을 하려는 박 씨의 바람입니다.

우리도 이 사회의
한 주축이에요

미아리 | 박광원

50대 후반의 박 씨 아저씨는 미아삼거리 전철역 근처에서 핸드폰 케이스를 파는 노점상입니다. 박 씨 아저씨의 핸드폰 케이스 판매대는 보통의 노점상과는 다릅니다. 일반 매장의 전시용 부스처럼 보입니다. 노점에서 핸드폰 케이스를 파는 것도 흔하지 않은데 케이스들을 보기 좋게 진열해 놓았습니다. 무엇보다 신용카드도 가능하다는 문구가 보통의 노점과는 다릅니다. 노점도 꼼꼼한 주인아저씨를 닮나 봅니다.

깔끔한 매장과 달리 박 씨는 많은 우여곡절을 겪었습니다. 주위에서 듣기 힘든 사연을 가지고 있습니다. 박 씨는 전남 장성 출신으로 5남 1녀 중 넷째로 태어났습니다. 장성에 살다가 나전칠기 기술을 배우러 14세에 서울로 왔습니다. 나전칠기는 조개를 가공해서 고급 가구나 공예품을 만드는 전문기술입니다. 나전칠기를 처음 알게 된 것은 동네 형 때문이었습니다. 형에게 조금 배우기도 했는데 제대로 하고 싶어서 친형이 먼저 자리 잡은 서울로 올라왔습니다.

착실하게 기술을 익혔고 당시 고급 가구로 나전칠기를 찾는 사람들이 늘면서 꽤 많은 돈을 모았습니다. 1990년에는 직원 20명을 둔 나전칠기 공장을 차리기까지 했습니다. 사장인 박 씨가 나전칠기 기술을 갖고 있어서 공장도 잘 됐습니다. 직접 물건을 제작해서 판매하고 선배들의 하청작업도 맡으면서 박씨는 말하자면 성공한 청년 사장이 되었습니다.

" 나전칠기가 80년대 초반까지 최고 호황기였죠. 그때 우리나라가 발전하면서 막 아파트 들어설 때, 그때는 정말 호황기였죠. 화곡동에서 공장 크게 한 20명 데리고 했어요. 그때가 아마 90년도인가 92년돈가 그 정도 될 것 같아요. 가내공업이죠. 그때 제가 막 28살, 30살 안짝인 것 같아요. 그때가. 그때 혼자 직원들 밥도 해줘 가면서 수금도 다니고 재료도 사러 다니고. 하청을 하면서 선배들 거 하청을 좀 받아다가, 하청 하면서 좀 돈을 모으면 내 물건도 만들어서 팔러도 좀 다니고. 좀 그렇게 했어요. 그런데 어떻게 보면 좀 사람을 잘못 만나는 바람에."

그러다 한 사람을 알게 되어 다른 일에 손대면서 결국 공장까지 정리하게 되었습니다. 공장을 정리하고 그 여자와 함께 이런저런 장사를 하면서 떠돌아다녔는데 보다 못한 형님이 자기 집으로 데려와 식당에 자리를 잡아줬습니다. 형 친구가 운영하는 일식당이었습니다. 일하며 요리 기술을 배워 다시 안정을 찾게 되었는데 IMF 외환위기로 식당이 어려워져 그만두게 되었습니다.

박 씨는 돌아다니면서 배운 장사 경험과 생선 다루는 기술을 살려 노점을 시작했습니다. 트럭에 생선 수족관을 싣고 다니며 바로 회를 떠서 포장해 주는 트럭 생선회 노점이었습니다. 싼 가격에 활어회를 살 수 있다 보니 장사가 잘됐습니다. 그런데 박 씨는 장사는 알았지만, 노점은 잘 몰랐습니다. 인근 아파트 주민과 상인들의 민원이 계속되었고 구청 단속까지 당하면서 트럭 생선회 노점을 접었습니다. 이후 지하철에서 액세서리를 파는 지하철 떴다방을 하다가 1998년에 미아삼거리역 지금의 노점에 자리를 잡았습니다.

" 처음에는 차를 사 가지고 뭐를 했냐면, 차에다가 수족관을 싣고 회를 팔러 다녔어요. 그때가 IMF 때 나온 거예요. 그게 제가 최초로 했던 거예요. 광어 한 마리 만 오천 원, 만 삼천 원, 그렇게 팔았으니까. 근데 그것도 하다 보니까 상가에서 난리 나고, 아파트 단지, 구청 단속반들이 와가지고. 그땐 노점상이 뭔지도 몰랐지 솔직한 얘기로, 하면 되는지 알았지. 그때만 해도. 도마도 칼도 막 다 뺏어가 버리고 그러더라고. 그래 안 되겠더라고, 에이 집어던져 버리고 그냥 액세서리 지하철 돌아다니면서 떴다방 하면서 여기를 들어온 거예요. 그게 98년도예요. 여기를 들어온 게."

박 씨는 노점상으로는 흔치 않은 품목인 핸드폰 케이스를 판매합니다. 핸드폰 케이스는 다른 품목들보다 가격이 비싸고 초기 비용이 많이 듭니다. 모델 변화도 빨라서 재고 부담으로 노점상이 취급하기 어려운 품목입니다. 더욱이 박 씨의 노점은 사업자 등록을 했습니다. 박 씨의 노점은 국세청에 등록된 비과세 사업자입니다. 핸드폰 케이스 가격이 기본적으로 만 원이 넘다 보니 카드를 받을 수밖에 없었습니다. 카드 단말기를 설치하기 위해서 사업자등록을 해야만 했습니다. 매상은 다른 노점들에 비해 이윤이 낮은 데다 계속해서 새로운 상품을 갖춰야 하는 이유로 빚을 지기도 했습니다.

박 씨가 처음부터 핸드폰 케이스를 한 것은 아닙니다. 액세서리, 만물 잡화, 과일, 만두, 옷, 뻥튀기까지 다양한 품목을 팔았습니다. 박 씨는 품목 운이 없었습니다. 그도 그럴 것이 마차를 새로 제작해 만두 노점을 시작했는데 만두 파동이 나서 한 달 만에 접은 일이 있습니다. 뻥튀기를 시작했는데 뻥튀기의 사카린이 몸에 안 좋다는 기사가 나오면서 그만두기도 했습니다. 핸드폰 관련 상품을 취급하기 시작한 것은 2009년 무렵입니다. 당시는 2G 폴더폰 시대로 핸드폰 액세서리가 대유행이었고 거리를 지나가다 노점에 핸드폰 액세서리가 있으면 큰 고민 없이 사는 사람들이 많았습니다. 덕분에 벌이가 상당히 좋았습니다.

그러다 스마트폰 시대가 되면서 박 씨는 액세서리가 필요 없는 스마트폰에 맞춰서 핸드폰 케이스로 상품을 바꿨습니다. 상품을 바꿔야 했지만 핸드폰 케이스를 취급하면서 비용 부담이 커졌습니다. 기본 물건을 갖추기 위한 초기 투자비가 많이 들었고 수익률이 액세서리에 비해 낮은 게 문제였습니다. 모델이 워낙 다양하고 빨리 바뀌는 것도 부담이었습니다. 매번 새 상품을 갖춰야 했기 때문입니다.

핸드폰 케이스로 품목을 바꾸면서 오히려 빚이 늘었는데 초기 투자 비용이 많다 보니 이러지도 저러지도 못하게 되었습니다. 박 씨의 고민이 깊어졌습니다.

박 씨는 이런 경험으로 노점 품목에 대한 나름의 정보가 많습니다. 박 씨는 먹거리 노점도 해봤지만 주요 품목은 액세서리, 잡화, 공산품이었습니다. 90년대만 하더라도 공산품이 노점의 주요 품목이었습니다. 인형이나 귀걸이, 핸드폰 줄, 각종 액세서리가 노점을 주도했습니다. 액세서리가 잘 팔리면서 지하상가와 잡화상가, 액세서리 가맹점이 늘었습니다. 다양한 디자인과 가격대로 노점이 경쟁하기 어려워졌습니다.

결국 공산품 노점들이 크게 줄었고 지금은 먹거리가 노점의 대표 품목이 되었습니다.

" 제가 노점상을 20년 전에 했으니까. 그때만 해도 최고의 노점상에 많은 품목이 뭐냐면. 옷 장사, 액세서리, 머리끈 장사가 최고 많았어요. 사실은 먹거리보다 공산품이 더 많았어요. 공산품이 20년 전만 해도 됐어. 왜 됐냐면 지금처럼 마트라든가 다이소, 액세서리 체인점 같은 게 지역에 없었어. 근데 주로 많이 바꾸는 사람들이, 일반 품목 하는 사람들이 품목을 자주 바꾸는 편이죠. 공산품. 먹거리, 떡볶이, 튀김 하던 사람들은 바꿀 이유가 없지. 그 사람들은 또 노점상의 꽃이 떡볶이, 튀김이잖아. "

노점은 지나치면서 보면 어디나 비슷한 음식과 물건을 파는 곳으로 보입니다. 실제로 자세히 보면 그렇지 않습니다. 서울 안에서도 지역에 따라 노점상에 차이가 있습니다. 먹거리 노점이라도 노량진과 명동과 신촌의 먹거리가 다릅니다. 서울이라고 다 같은 게 아니고 지역에 맞춰야 합니다.

" 우리도 홍대도 가보고 신촌도 가보고 명동도 가봐요. 근데 명동, 신촌에서 되는 품목이 여기서 안 돼요. 절대 안 돼요. 바뀌질 않더라구요. 지역의 노점상이, 지역의 특성이 정말 바뀌질 않더라구요. 그래서 여기 사람들도 밖에 가서 좋은 거 배워 가지고 와서 해보고 싶어도 엄두를 못 내고 가지고 들어온다고 해도 안 되니까. 남 잘 되는 거를 탐을 내고 그걸 막 같이하려고 욕심을. 근데 분명한 거는 적어도 명동, 신촌이나 홍대나 거기서 잘 되는 품목이 여기서 먹히지가 않는다는 거예요. 노점상을 다녀보시면 아시겠지만, 미아리 노점상하고 명동 노점상은 품목이 달라요."

박 씨는 미아삼거리에 자리 잡은 후로는 지역조직 활동을 시작했습니다. 누구보다 노점을 잘 알고 있어서 시작한 일입니다. 노점상이 겪는 문제들을 어떻게 풀어나갈지도 고민합니다.

" 노점상이 개인주의가 좀 강합니다. 내 장사를 하다 보니까. 우리가 항상 교육을 그렇게 하지만, 니가 아무리

잘나서 이렇게 장사하는 게 아니다. 조직이 없으면 아무리 니가 잘 났든 못났든 살아남을 수 있는 자리가 아니다. 그렇게 교육을 하지만 그래도 내 장사를 하다 보니까 내 장사 주도권을 뺏기지 않을라고 그래요. 남을 주지를 않을라 그래요. 그게 노점상의 현실이고 그건 누구든 풀 수가 없는 것 같아요."

"물론 뭐 많은 민원은 들어가죠. 민원은 안 들어갈 수 없죠. 노점상이 있는 한은. 그래도 나름대로 조금씩 앞으로 못 나오게도 하고 노점상은 잔소리 안 하면 계속 나옵니다. 솔직히 말해서 그게 사람이잖아요. 물론 시민들한테 불편함을 주는 거는 알고 있고 미안하게 생각은 하고 있죠. 어쨌든 우리도 이 사회의 한 주축이고 우리가 나쁜 짓 안 하고 사회가 할 일을 우리가 스스로 찾아가는 거죠. 물론 그것도 하나의 내 이기주의가 될 수 있겠지만 이 사회와 공조하려고."

"어차피 여기 노점상으로 들어와서 자랑스러운 건 아니지만 그래도 그때그때 열심히 살았다. 열심히 살려고 노력은 하죠. 살았다고 하면 안 되고 현실에 맞게끔 그 순간순간 열심히 하고, 남 위해서 봉사도 하고. 어쨌든 연합회에서도 앞장서서 회원들을 위해서 일도 지금까지 이렇게 하고 있어요."

박 씨는 노점으로 미아삼거리 일대에서 20년 가까이 보냈습니다. 20년이 흐르니 미아삼거리에 애정이 생깁니다. 노점상으로 일하면서도 내 일만 챙기는 게 아니라 주위를 살피려 애쓰는 이유입니다. 이런 박 씨의 말을 듣고 보니 박 씨의 노점이 더 크게 보입니다.

처음에는 그냥
많이 울었어요

대전 | 김수연

　김 씨는 대전에서 건어물, 젓갈, 수산물을 취급하는 노점상입니다. 김 씨는 요일장에서 노점을 합니다. 요일장은 시내의 주요 주택가 길에서 특정 요일에 열리는 노점시장입니다. 비슷한 유형으로 아파트단지 안에 서는 알뜰장과 시골 지역을 이동하면서 열리는 오일장이 있는데 약간의 차이가 있습니다. 요일장은 대략 10여 명의 노점상들이 함께 움직입니다.

주요품목은 채소, 생선, 건어물, 반찬류, 간식으로 대부분 먹거리입니다.

요일장 노점이 일반 노점과 약간의 차이는 있지만 일과는 비슷합니다. 아침 8시 정도에 정해진 장소에 도착해서 물건을 정렬하며 노점을 시작합니다. 대략 저녁 8시쯤 퇴근 손님들이 줄어드는 시간에 노점을 정리합니다. 9시에서 출근해서 6시까지 일하는 직장인에 비하면 약간 긴 시간입니다. 요일장 노점은 매일 이동해서 물건을 펼치고 다시 정리하는 일을 반복해야 합니다. 물건과 장비를 차에 싣고 다녀야 해서 장소가 정해진 노점에 비하여 시작과 정리에 시간이 오래 걸립니다.

김 씨의 일과는 일찍 시작됩니다. 6시에 일어나서 준비하고 8시에는 남편과 함께 나와 장사를 시작합니다. 점심은 직접 해서 먹거나 배달로 해결합니다. 대략 저녁 7시부터는 슬슬 짐을 챙기고 8시면 장사를 마칩니다. 해가 길고 사람들이 시원한 밤에 나오는 여름에는 10시 정도까지 장사를 할 때도 있습니다. 그런 여름날에는 집에 가면 11시 정도가 되지만 평소에는 9시 정도가 됩니다. 노점도 쉽지 않지만 이동하면서 장사를 하는 요일장 노점은 더 고된 일입니다. 이전에는 그런 상황에서도 쉬지 않고 매일 일을 했는데 지금은 월요일부터 목요일까지만 일을 합니다.

김 씨가 노점을 시작한 건 아들이 5살 정도 되던 1970년대 후반 무렵입니다. 수입이 일정하지 않아서 생활이 안정적이지 못했습니다. 갈수록 생활이 어려워지자 김 씨가 먼저 사진 일을 하는 남편에게 장사를 제안했습니다. 그래서 처음 시작한 일이 계란 노점이었습니다. 리어카를 한 대 사서 도매로 구매한 달걀을 팔고 다녔습니다.

" 쉽지 않은데 그래도 처음 시작할 때는 돈이 없었기 때문에. 계란이 처음에는 쌌었어요. 자본이 없으니까 조금 가지고 시작을 한 거지. 처음에 그냥 많이 울었어요. 힘들고 막 너무 챙피하고 막 그래가지고, 진짜 그렇게 안 하고 살다가 그렇게 하니까 너무 힘들더라구요. 그래서 그냥 집에 와서 울기도 하고 그랬어요."

리어카를 끌고 다니며 달걀을 파는 게 쉽지 않은 데다 장사도 잘 안됐습니다. 그러다 우연히 까나리라는 생선을 알게 됐고, 장사 수완이 좋은 남편이 용달차를 빌려 여수에서 직접 사 와서는 옥천, 금산, 논산 오일장을 돌아다니며 팔기 시작했습니다. 까나리 장사는 잘됐습니다. 덕분에 차를 한 대 마련하게 됐습니다. 이동이 자유로우니 코다리, 영주 사과, 남대문의 구제 옷으로 물건을 늘렸습니다. 팔릴만한 물건이면 도매로 떼와 장에서 팔았습니다.

"우리 아저씨가 원래 장사 머리가 좋았어요. 왜냐면 저 양반도 힘들게 살았는데 아버지가 일찍 돌아가셨고, 새아버지 밑에서 살면서 힘드니까 나가서 옛날 께끼 장사 같은 것도 하고 멍게 장사에 밤에는 뭐지 떡 장사, 그것도 하고 메밀묵, 그런 걸 했는데 장삿속으로 조금 그런 게 있어요. 그래서 같이 하게 된 거예요. 저도 기술이 따로 있는데 다 접고서 장사를 하게 된 거예요."

수산물을 주로 취급하던 김 씨 부부는 우연한 기회에 생선회를 취급하게 되었습니다. 그리고 얼마 있다가 유성에 포장마차 노점으로 자리를 잡았습니다. 1990년대 당시에는 활어회가 귀하던 시절이었습니다. 산지에서 가져온 생선으로 바로 그 자리에서 직접 손질해서 팔았더니 손님들이 몰려 들었습니다.

" 까나리와 건어물은 그냥 우연히 하게 됐어요. 누가 조언을 해준 것도 아니고 우연히 하게 된 거예요. 그래서 시작을 하게 됐는데 그러면서도 건어물만 한 게 아니라 돈을 좀 벌게 된 계기는, 그때는 회가 좀 귀했었잖아요, 회 장사. 회 장사를 했어요. 제가 노점에서. 직접 생선을 가져오고 목포에서 올라온 낙지도 받고 이렇게 해서 장사를 했는데 그때 좀 돈을 벌었죠. "

김 씨는 회 장사로 꽤 돈을 벌었는데 포장마차 횟집들이 늘면서 회 노점을 접었습니다. 그러고는 가게를 얻어 본격적으로 횟집을 시작했습니다. 횟집도 처음에는 장사가 꽤 잘 됐습니다. 그런데 예상치 못한 문제가 발생했습니다. 노점은 현장에서 바로 값을 치르는 데 가게는 외상이 있었습니다. 단골손님들이 요구하면 외상거래를 할 수밖에 없었습니다. 점점 외상거래가 쌓이고 외상값을 떼먹는 일이 늘어나면서 자금이 넉넉지 않았던 김 씨는 결국 반년 만에 가게 문을 닫았습니다.

가게를 접고는 가족이 모두 경기도 이천으로 이사를 했습니다. 다시 포장마차를 시작했는데, 단속도 심하고 무엇보다 장사가 잘 안됐습니다. 2년 남짓 이천에서 지내다 이번에는 서울로 올라왔습니다. 서울에서는 잠시 공장에 들어가 일을 했으나 익숙지 않은 일이라 비교적 쉬운 청소일로 바꿨습니다. 노점으로 자기 장사를 하던 김 씨와 남편은 다른 사람 밑에서 일을 하는 게 쉽지 않았습니다. 결국 서울 생활을 정리하고 가족들 모두 대전으로 내려왔습니다.

대전으로 내려온 김 씨는 익숙한 건어물 노점을 다시 시작했습니다. 건어물 노점은 김 씨에게 마치 본업과 같았습니다. 예전에는 대전 주변 시골 오일장을 다녔는데, 이번에는 대전 시내 주택가를 요일별로 순회하는 요일장에 자리를 잡았습니다. 현재 김 씨가 다니는 요일장은 월요일 가양동, 화요일 대흥동, 수요일 천동, 목요일 원앙장 네 곳입니다. 원앙장처럼 원래 하던 곳도 있고 대흥동처럼 함께하는 노점상들이 새로 설립한 곳도 있습니다. 함께 장사하는 노점상들이 있지만 조직이 따로 있는 건 아닙니다.

새로운 장소를 발굴하면 함께 하는 노점상들이 의논해서 요일을 정하고 장을 세웠습니다. 그러다 보니 요일장 노점상들과 함께 한 시간이 짧지 않습니다. 대부분 10년이 넘었습니다. 요일장은 채소, 생선, 일반식품, 건어물처럼 먹거리를 중심으로 10여 명의 노점상들로 이뤄져서 한 가족 같습니다. 게다가 매주 오다 보니 단골 주민들도 많아지고 친해진 사람들도 많습니다. 그래서 좋은 물건을 가져다 싸게 팔려고 노력합니다. 김 씨는 제철에 일년치를 직접 사서 관리하고 신선도가 중요한 어패류는 이틀에 한 번 시장에서 삽니다.

> "다 단골손님이죠, 이런 데. 아무리 노점이라도 단골이에요. 왜냐면 저희는 노점이라도 물건 나쁜 걸 안 팔아요. 최고 상품 갖다가 팔고. 그러니까 단골손님이 있지요. 그렇게 안 하면 장사 못해 먹어요. 물건을 항상 좋은 걸 갖다가 맨날 그렇게 팔고 해버릇 해서."

대전은 상대적으로 행정과 노점의 갈등이 덜한 편입니다. 새로 조성되는 전통시장이나 아파트단지는 집중적으로 단속하지만, 기존에 조성된 노점 요일장은 암묵적으로 인정하는 분위기입니다. 대신 민원이 들어오면 그때는 단속합니다. 요일장 노점은 민원이 생기지 않도록 늘 청결과 보행 공간 확보에 신경을 씁니다. 더구나 주택가여서 요일장 주변에 마트가 있는 경우가 많은데 원만한 관계를 유지합니다. 요일장이 사람을 모으는 역할을 해서 마트에도 도움이 되기 때문입니다.

    대전으로 다시 돌아와 요일장을 돌며 열심히 일했고 상가주택을 마련했습니다. 현재 여기서 두 아들과 살며 임대료 수입도 얻고 있습니다. 예전과 비교하면 생활에 여유가 생겼지만, 아들 생각에 노점을 계속하고 있습니다. 아들이 아직 미혼이고 일도 불안정해서 한 5년 정도는 노점을 계속할 계획입니다. 5년 후에는 아들도 안정이 되어서 노점 일을 그만두고 싶습니다.

    요일장 노점은 매일 장소를 옮겨 다녀서 몸이 고된 일입니다. 물건을 옮겨서 진열하고 끝나면 정리해서 냉장고에 보관하는 일이 반복되는 어려움이 있습니다. 장사도 힘들지만, 물건을 정리하고 차로 옮기는 일이 시간이 오래 걸리고 힘이 듭니다. 상가 1층에 작은 국수 가게를 할 계획도 있는데 먹고 살기 위해서 요일장 노점을 당분간은 계속할 생각입니다.

노점운영

Q. 노점 품목 선정?

노점상이 취급하는 품목은 다양합니다. 대표메뉴인 김밥, 떡볶이, 순대 이른바 김떡순에서부터 과일, 채소, 인형, 액세서리, 심지어 타로 노점에 이르기까지 팔 수 있는 모든 것을 취급합니다. 노점은 입지가 중요합니다. 그러나 입지가 좋아도 품목이 적절하지 않으면 장사가 안 됩니다.

노점 품목은 개인 사정부터 행정 여건, 사회경제적 환경까지 영향을 받습니다. 노점 품목의 시기별 변화를 보면 1989년에는 분류가 어려운 기타 품목이 가장 많고 다음으로 농수산물, 주류, 식품류, 공산품의 순이었습니다.

2000년에는 농수산물, 식품류, 기타, 공산품, 주류 순으로 식품류가 증가했지만, 주류가 줄어들었습니다. 2010년 조사에서는 식품류가 가장 많고 다음으로 공산품, 농수산물, 기타, 주류 순으로 식품류가 농수산물보다 더 많았습니다.

노점 인터뷰 대상도 식품류 노점 6개, 농수산물 3개, 공산품 2개, 주류 포장마차 노점 1개로 조사된 전체 노점 품목

구성과 유사합니다.

잘 나가는 품목만으로 노점을 하기도 어렵습니다. 모두 다 잘나가는 품목만 취급하면 지역 노점 전체가 외면받거나 유행에 맞춰 매번 품목을 바꿔야 합니다. 그래서 노점 품목은 매우 중요합니다. 노점상 간에도 품목에 대한 암묵적인 규정이 존재하고 상도덕을 지킵니다. 노점이 나름의 질서를 유지하는 이유입니다. 인터뷰한 노점들도 오랜 기간의 노점 경험에도 품목을 바꾼 경우는 소수입니다. 품목을 변경하는 어려움도 있지만 더 큰 이유는 주변 노점들의 동의를 얻어야 하기 때문입니다. 동일 업종을 취급하는 노점상의 반대가 없어야 합니다.

Q. 노점 운영 인력?

노점영업 방식은 부부 또는 혼자서 운영하는 경우가 가장 많습니다. 혼자서 운영하는 경우는 배우자가 없거나 배우자가 다른 일을 하는 경우로 구분됩니다. 부부 운영과 혼자서 운영하는 경우의 특별한 기준은 없고 취급하는 품목에 영향을 받습니다. 상대적으로 손이 덜 가는 농수산물, 공산품, 간편한 먹거리는 혼자서 운영하고 다양한 메뉴를 만들어서 판매하는 먹거리 포장마차는 부부 운영이 많습니다.

Q. 노점의 하루 일과?

노점상의 하루일과는 노점영업 시간에 따라서 다릅니다. 노점 영업시간은 지역별로 서로 다릅니다. 대체로 노점 장소에 맞춰서 시간이 정해져 있습니다. 시작 시각은 비슷한 편인데 마감 시간은 정해져 있지 않고 각자가 알아서 합니다. 주요 대로변 노점은 대체로 대략 오후 2시쯤 영업을 시작하고 시장 노점은 새벽부터 시작합니다.

Q. 노점 판매대 구성?

노점 판매대는 노점상이 물건을 진열하거나 음식을 조리하기 위한 용도로 사용됩니다. 노점 판매대로 흔히 리어카를 생각하는데 실제로는 보따리, 종이박스, 지자체가 설치한 최신 부스까지 다양합니다. 특히 노점을 인정하고 판매대를 가로시설물의 하나로 생각하면서 규격과 디자인을 통일하여 이전과는 다른 새로운 형태의 노점이 생겼습니다. 노점의 과거와 현재가 공존하는 모습입니다.

노점 판매대는 노점 문제의 핵심 사항입니다. 판매대의 크기와 이동 여부가 최대 쟁점입니다. 노점을 인정해도 시민의 보행에 지장을 덜 주며 도시 미관을 고려해야 하는 행정과 장사를 위해 가능한 많은 공간을 차지하려는 노점상의 이해관계가 대립하면서 판매대 크기는 협의 과정의 최대 쟁점이 됩니다.

실제로 종로 특화 거리 조성 사업의 경우, 합의서를 작성하는 최종단계에서 판매대 크기를 위쪽 날개를 접었을 때로 할 것인지 펼쳤을 때로 할 것인지를 두고 상인과 노점이 대립하면서 회의가 결렬된 사례도 있습니다.

이동 여부도 중요한 사항입니다. 사실 장소를 옮겨가면서 장사하던 시절에는 아무런 문제가 되지 않았는데, 정해진 자리에서 노점 영업을 하면서부터 판매대 이동 여부가 쟁점이 되었습니다. 실제로 장사가 끝난 뒤 그 자리에 판매대를 그대로 두고 가는 곳들이 늘어났습니다. 천막 비닐에 덮여 쇠사슬이나 굵은 고무줄로 싸서 보관하여 거리 미관을 해치기도 합니다. 지금은 고정식 판매대 이외는 대체로 판매대를 이동해서 관리합니다. 그런데 판매대 이동관리가 어려운 일이어서 비용을 주고 이동을 맡기거나 가까운 보관소에 맡기기도 합니다.

노점 판매대에 대한 구체적인 규정은 없으나, 대체로 허가 여부와 취급 품목에 따라 정해집니다. 과거에는 노점상이 자신이 취급하는 물건을 고려하여 판매대를 마련했는데 이제는 정해진 규정에 맞춰 판매대를 제작하거나 이미 설치된 판매대에 입주하는 노점상이 늘고 있습니다.

Q. 노점 상품 관리?

일반 가게와 달리 노점상은 거리에서 장사를 해서 노점 판매대 말고는 물건이나 장비를 보관할 수 있는 공간이 없습니다. 노점은 다양한 품목으로 개별적으로 운영되어 상품 관리도 자신만의 방식으로 해결합니다. 수산물을 취급하기 위해 자기 집 지하에 냉동실을 만든 대전의 노점상 김 씨처럼 품목과 형편에 맞춰서 관리합니다. 과거 노점상은 직접 재료를 구매해서 장사를 했다면 요즘은 노점에 물건을 공급해 주는 중간 도매상을 이용하는 곳도 많아졌습니다.

3장

가을,
그래도 노점으로

손님들이 너무너무
고마운 거예요

안산중앙역 | 손숙영

손 씨는 안산중앙역 앞에서 쌀국수 노점을 합니다. 50대인 그녀의 노점경력은 십 년이 훌쩍 넘었습니다. 전라도 광주에서 살던 손 씨는 2001년에 힘들게 이혼한 뒤 두 딸을 데리고 안산으로 왔습니다. 가진 게 아무것도 없는 상태에서 어디로 갈지 고민하다가 동생이 있는 안산을 택했습니다. 연립주택 반지하에 방을 구하고 돈을 벌기 위해 여러 가지 일을 했지만 결혼 후 살림만 하던 손 씨에게는 모든 게 어려웠습니다.

"맨 첨에 여기 올라올 때는 진짜 아무것도 없이 두 딸 데리고 올라왔는데, 막상 여자가 혼자서 애 둘 키우기가 진짜 쉽지 않더라구요. 그래가지고 뭐 파트타임도 다녀 보고, 여러 가지 해봤는데, 그 수입 갖고는 두 애를 키울 수가 없더라구요."

심한 생활고를 겪던 손 씨는 안산 중앙역에서 노점상을 하던 외가 쪽 친척 외숙모를 도와드리면서 노점에 발을 들여놓았습니다. 길에서 처음 장사하는 사람 대부분이 경험하는 것처럼 손 씨도 심하게 부끄러웠습니다. 얼굴을 드러내는 게 부담스러워 조금이라도 가리려고 모자를 썼습니다. 지금은 습관이 되어 늘 모자를 씁니다.

"아, 내가 할 수 있는 길은, 그래도 내가 내 몸 놀려서 내 스스로 애들 키울 수 있는 일은 이 길밖에 없구나. 내가 힘들어도. 그래갖고 시작한 게 2003년도에 여기 노점을 시작했어요."

일 년쯤 외숙모 노점을 돕던 중에 외숙모네가 사정이 생겨서 노점을 그만두게 됐습니다. 외숙모 노점을 물려받아서 본격적으로 노점을 시작했습니다. 그동안 도와서 일을 했던 곳이라 괜찮을 것 같았는데 처음 시작할 때는 부담이 생각보다 컸습니다. 어린 두 딸이 있어서 그런 부담에도 노점을 할 수 있었습니다. 이왕 하는 거 프로정신으로 노점에 임하기로 결심했습니다. 이런 생각을 갖자 노점일에 자신감이 생겼고 노점도 점차 자리를 잡았습니다.

손 씨의 노점은 중앙역 앞에 있어서 지하철을 이용하는 시민들이 주요 고객입니다. 중앙역에는 출퇴근하는 직장인과 학생들이 많습니다. 인근에 서울예술대학, 한국관광호텔학교, 신안산대학, 한양대학교 안산캠퍼스가 있어서 학생 손님이 특히 많습니다. 주말에는 지역 특성상 외국인 손님도 꽤 많은 편입니다. 손 씨는 자기 음식을 기억해 주는 손님이 늘고 단골이 생기면서 더 열심히 잘해야겠다는 마음을 가졌습니다.

" 그래서 인제 제 스스로 그랬죠. 아 진짜 직업에 귀천 없고 열심히 하면은 열심히 한 만큼 저기는 있겠지 싶어가지고. 내 마음을 스스로 다짐하면서 다잡으면서 아 이 것도 서비스다, 진짜로 서비스다. 그래가지고 깨끗하게 해야 되고 친절하게 해야 되고 맛있게 해야 되고. 그런 저기를 여기서 내가 많이 바꿨어요."

 손 씨 노점을 포함한 중앙역 앞 4개 노점은 안산시의 포장 마차 교체 사업 시범지구에 있습니다. 시범지구에서는 구청 이 정한 디자인으로 만든 가로판매대를 사용하고 구청이 정 한 운영 지침을 따라야 합니다. 구청은 판매대에 전기 시설을 설치하여 노점별로 이용할 수 있도록 하면서 노점의 자율 관 리를 돕고 있습니다.

 노점상은 구청의 시범사업을 선뜻 받아들이기가 쉽지 않 았습니다. 오랫동안 각자의 방식대로 해왔기 때문입니다. 운 영 지침을 따르기도 쉽지 않은 데다가 무엇보다 큰돈을 들여 서 가로판매대를 설치하기가 어려웠습니다. 그래도 손 씨와 중앙역 앞 4개 노점은 구청이 노점을 시설물로 인정한다는 취지에는 동의했습니다. 고민 끝에 시범사업에 참여했습니다.

" 저희는 이 마차 박스로 하면서 구청에서 전기를 해줬어요. 다른 데는 그런 게 없는데 여긴 이제 자율정비하는 시범적으로 이렇게 구청에서 전기는 해줘가지고 다행히, 전기 쪽은 조금 수월해졌어요. 어차피 장사할 거 좀 깨끗하게, 보기 좋게 그렇게 할 수 있게 시범적으로. 이거를 구청에서 제안을 한 거예요. 솔직히 저희들이 목돈이 쉽지 않잖아요. 그래갖고 이제 미소금융에서 대출받아서. 마차만 해갖고 천만 원. 저걸 다 준비하기까지는 한 천삼백만 원 정도 들었어요. "

손 씨 노점의 주요 메뉴는 쌀국수입니다. 처음에는 외숙모네가 하던 대로 떡볶이, 순대, 튀김을 팔았는데 장사가 익숙해지면서 김밥과 잔치국수까지 더했습니다. 그리고 얼마 전에 쌀국수로 메뉴를 바꿨습니다. 메뉴를 바꾸면서 걱정했는데 이전의 단골들이 계속 찾아왔습니다. 이곳에서 노점을 오래 하다 보니 학생들 특히 서울예대생들과 인연이 깊습니다. 대대로 학생들이 손 씨의 노점을 이용했고 이모와 조카 호칭으로 통했습니다. 처음에는 자기 떡볶이가 좋아서 오는 줄 알았는데, 메뉴가 바뀌었는데도 계속 오는 걸 보면서 음식 때문만은 아니란 것을 알게 되었습니다. 그래서 이 일을 더 감사하고 자부심도 가지게 됐습니다.

" 제가 떡볶이를 해도 손님들, 그다음에 뭐 김밥을 해도, 지금 현재 쌀국수를 해도, 십몇 년 동안을 그 손님들이 다 찾아오시고, 너무너무 고마운 거예요. 아, 이분들이 떡볶이만 좋아해서 우리집에 온 게 아니구나. 내 인간미 또 이런 저기를 또 알아주시고 오신 분들이구나. 그러면서 더 잘해야 되고, 그 손님들, 고객분들, 단골분들한테 더 잘해야 된다는 게, 스스로 인제 더 막, 해가 갈수록 그게 느껴져요. "

최근에 바꾼 쌀국수는 아는 사람의 권유로 시작했는데 생각보다 반응이 좋아서 잘 팔립니다. 쌀국수는 떡볶이나 튀김 같은 간식과 달리 한 끼 식사로 생각해서 점심과 저녁 시간에 찾는 사람들이 많습니다. 쌀국수를 팔려고 노량진에 찾아가서 조리법을 배우고 주변 노점상들의 동의를 받아서 쌀국수로 메뉴를 바꿨습니다.

쌀국수에 필요한 재료는 배달주문으로 받아서 미리 다듬

어서 나옵니다. 쌀국수가 단순하고 손쉬워 보이지만 실제로는 이전에 하던 떡볶이나 잔치국수에 비해 손이 더 많이 갑니다. 특히 큰 팬을 사용하는 볶음요리여서 팔과 손목에 무리가 갑니다. 쌀국수로 메뉴를 바꾼 뒤부터 손과 팔이 안 좋아졌습니다. 식사 시간에 혼자서 감당하기 힘들 정도로 손님이 몰리면 장사가 잘돼서 좋다가도 언제까지 할 수 있을까 걱정이 되기도 합니다. 지금은 할 수 있을 때까지 버텨보자고 생각합니다.

손 씨는 노점을 하다가 같은 일을 하는 남편을 만나서 새 가정을 꾸렸습니다. 당시에 노점 조직 활동을 하던 남편은 지금은 안산 노점 대표로 활동하고 있습니다. 노점 대표로 일이 많아서 아침에 판매대를 열고 밤에 마무리하는 건 남편이 함께하지만, 장사는 손 씨 혼자 하는 형편입니다. 손 씨는 하루 13~14시간 정도 노점 일을 합니다. 아침 9시에 나와 집에 들어가면 밤 11시가 됩니다. 그래도 얼마 전부터 격주로 일요일은 쉬고 있어서 쉬는 날 없이 일하던 때에 비하면 좋은 편입니다. 10년 넘게 이렇게 음식 노점을 하다 보니 몸에 무리가 왔는지 갈수록 아픈 데가 늘고 있습니다. 허리와 무릎은 늘

안 좋았고 이제는 손과 팔도 안 좋습니다.

" 처음에 너무 없게 시작을 해놔서 먹고살자고. 지하방에서부터 지금 뭐 전셋집으로 올라오기까지는 진짜... 그러다 보니깐, 지금은 빚 안 지고 애들 가리키면서 그냥 주변의 뭐 힘든 저기들 도와주면서, 이것만으로도 감사하면서, 그냥 그러고 있어요. 몸은 솔직히 고달퍼요. 춥고 고달프고 그런데, 하는 일이니까 해져요. 해왔던 거니까. 내가 새롭게 여기를 다시 시작한다면 힘들 것 같은데 해왔던 거니까 지금까지 한 것 같아요. "

요즘은 조금 천천히 가야겠다고 생각을 바꿨습니다. 지금까지는 어떻게든 하루라도 빨리 자리를 잡으려고 무리해서 일했습니다. 아프면 참으면서 오래 일하기 위해서 애썼는데 그럴수록 더 아파지는 것을 느끼면서 천천히 가기로 했습니다. 경력이 오래된 노점상들이 한결같이 하는 말이 몸이 받쳐줄 때까지 노점을 계속하는 게 목표라고 하는데 손 씨도 똑같은 마음입니다.

"그러니까 옛날에는 하루도 안 쉬고 막 해서 그냥 얼른 저기 해야겠다 그랬는데, 지금은 그런 생각이 좀 바뀌었어요. 몸이 안 따라주니까 그냥 내가 일할 수 있을 때까지 꾸준하게, 천천히 가자는 식이 됐어요. 이제 인식이 내 스스로. 막 바빴는데, 인제 조금 애들도 커서 그러기도 하고 이제 건강이 최고라는 게 느껴지더라고요. 건강이 허락할 수 있을 때까지는 천천히 가자."

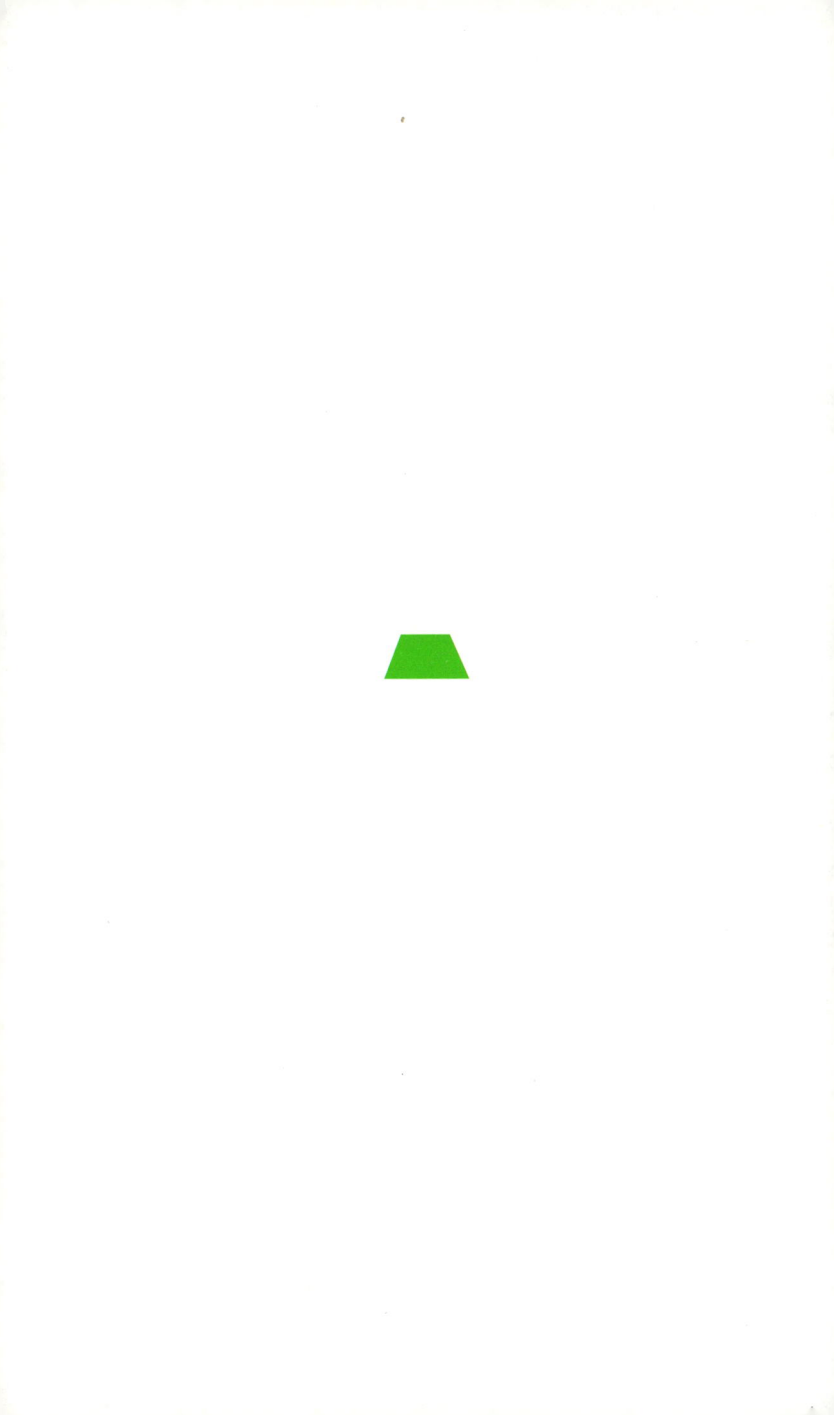

리어카를 한 백번은
뺏겼나 봐요

동대문 | 김진숙

50대 후반의 김 씨는 국립의료원 앞 가로판매대에서 토스트 노점을 합니다. 김 씨의 노점 경력은 20년이 넘습니다. 노점의 대부분은 동대문시장 인근에서 술을 파는 포장마차를 했습니다. 동대문 시장과 동대문 운동장 일대는 서울에서도 손꼽히는 노점 갈등 지역입니다. 이곳은 노점의 숫자도 많은 데다 다수의 테이블을 설치해서 운영하는 기업형 노점들이 많은 지역입니다. 자연히 보행이 불편해져서 중점적으로 관리되는 지역입니다. 수시로 단속이 이뤄졌고 갈등이 끊이지 않았습니다. 갈등이 심할 때는 사회문제가 될 정도로 심각한 물리적 충돌도 생겼습니다. 그곳에서 주류 포장마차로 20년을 지내면서 김 씨의 투쟁 경력도 자연스럽게 쌓였습니다.

김 씨는 35살에 노점을 시작했습니다. 다니던 부동산 사무실의 소개로 노점 리어카를 한 대 산 것이 계기가 되었습니다. 김 씨는 부동산 회사에 다니기 전에 제법 큰 호프집을 운영했습니다. 김 씨의 과거를 알고 있던 회사 상사가 노점을 추천했습니다. 소개한 노점은 동대문 운동장 앞 17번 리어카였습니다. 비용은 리어카값과 자릿세까지 합쳐서 2,000만 원이었습니다.

김 씨는 장사에는 자신이 있었지만, 결정은 쉽지 않았습니다. 비용도 문제였지만 가게 장사를 하다가 거리에서 음식을 판다는 게 고민이었습니다. 하지만 형편이 어려운 시댁과 친정을 모두 도와야 했던 김 씨는 크게 마음먹고 돈을 빌려서 노점을 시작했습니다. 구입한 17번 리어카가 당연히 포장마차인 줄 알았는데 막상 포장을 걷어보니 공구 리어카였습니다.

그렇다고 공구 노점을 할 수는 없어서 리어카에 구멍을 뚫어 가스통을 설치하고 음식을 조리할 수 있도록 개조했습니다. 그렇게 포장마차 개점식을 준비하는데 주변 노점상들이 몰려와 오픈을 저지했고 몸싸움까지 발생했습니다. 주변 노점상들의 반대가 보통 심한 게 아니었습니다. 위치마다 품목이 정해져 있는 노점의 불문율이 있습니다. 품목을 일방적으로 바꿀 수가 없는 일입니다. 모르고 한 일이지만 주변 노점상들이 이해해 줄 리가 없었습니다. 그렇다고 노점을 포기할 수 없었던 김 씨는 필사적으로 맞섰습니다. 주변 노점은 60, 70대가 많았는데 김 씨가 완강히 버티자, 주변의 할머니들이 김 씨를 받아주면서 자리를 잡게 되었습니다.

" 제일 힘든 건 품목이 같아질 때 회원들끼리 싸워야 될 때 이게 제일 힘들었고. 그라고 텃세라는 게 그렇게 심하더라고. 젊었을 때 제가 진짜 장사를 안 하고 저 술장사를 안 했더라면 살림 주부만 했더라면 거기와서 내가 이겨낼 수가 없었어요. 제가 어떻게 거기서 할머니들을 이겼고 주위 먹거리를 이겼겠어요. 나 나름대로 노하우가 있었고 또 부동산 하다 보면 별별 사람 다 만나잖아요. 하다보면 그런 것도 있었고."

장사 노하우가 있던 김 씨는 포장마차에서 실력을 발휘했습니다. 동대문 일대는 노점경쟁이 치열한 곳입니다. 주변에 공장이 많고 밤낮으로 유동 인구가 끊이지 않는 지역이어서 노점들도 몰려 있습니다. 김 씨는 남다른 장사 수완을 발휘했습니다. 동대문 시장에 물건을 사러 지방에서 올라온 버스 기사와 트럭 기사에게는 라면을 먹으면 커피를 무료로 줬습니다. 주변의 포장마차 노점과는 다르게 인근 공사장 직원과는 외상 거래도 했습니다. 단골이 늘고 장사도 잘돼서 친구를 불러와 영업할 정도였습니다. 시작할 때 빌렸던 리어카 비용도 얼마 지나지 않아 갚게 되었습니다.

" 보통 2시에 열고 새벽 4시나 5시에 들어가요. 그러니까 집에 가서 샤워하고 잠만 자고 나와요. 그때는 안줏거리를 제가 경동시장에서 들통에 사갖고 버스 타고 갔어요. 근데 밀리오레가 오픈을 했어요. 그때부터는 장난이 아닌 거예요. 그래갖고 사람 하나는 내가 친구를 썼지. 용산에 사는 친구를. 너는 주간 나는 야간 2교대를 했어요."

동대문 일대는 노점으로 인한 문제가 끊이지 않던 곳입니다. 안 그래도 유동 인구가 많아 늘 보도가 붐비는데 노점상들이 곳곳에 자리 잡고 있어 제대로 걷기가 힘들 정도였고, 상가 영업에도 지장을 줘서 노점 민원이 수시로 발생했습니다. 더욱이 도로에 테이블을 수십 개씩 대규모로 펴놓고 영업하는 기업형 노점상 문제가 심각했습니다. 그 때문에 동대문 일대는 구청의 주요 노점 관리구역으로 종종 노점집중단속이 이뤄지는 지역이었고, 종종 물리적 충돌도 있곤 했습니다. 김 씨도 셀 수 없을 정도로 단속을 당했고, 리어카 압수도 수도 없이 당했지만 노점을 그만두지 않고 누구보다 강력하게 맞서 싸웠습니다.

"며칠 하다 보니까 이틀하고 나니까 바로 실려갔지. 리어카. 거기서 뺏기기를 한 백번은 더 뺏겼나봐. 그래서 리어카를 또 두 대를 짰지. 하나 뺏기면 또 갖다 놓고, 하나 뺏기면 또 갖다 놓고. 그때 당시 벌금이 3만 원, 5

만 원했지. 용달비까지 들어가지. 포차를 보관소에 하나 짱박아 놓고 뺏기면 그놈 바로 끌고 나오고. 두 대 갖고 했어. 뺏기니까."

"동대문의 변화를 실질적으로 느껴요. 거평 시작하고 그때가 제일 전성기였을 것 같아요. 제일 이쪽 동네에서 뜬 데가 아트플라자, 디자인클럽, 밀리오레 히트 엄청쳤어요. 그러면서 갈수록 인자 사그러 들었고, 지금은 인터넷 시대니까 홈쇼핑에서 거의 사고 바쁘니까 뭐하고 또 환불까지 다 해주고 반품해 주고 하잖아요 안되면은. 근까 문화적인 차이가 자꾸 세대가 바뀌니까 장사가 잘 안되고 사람이 나와야 경제가 돈을 와서 쓰고 뭐하고 하는데. 그런 부분이 또 편한 것이 있잖아요."

"옛날에 그 밀리오레에서는 우리 그때 얼음물 하나 들고 다니는 게 관례였어요. 동대문에 오면은 얼음물을 다 하나씩 들고 다녔어. 그때 얼음물 하나 천 원씩 팔았어요. 진짜 그때는 얼음물을 우리가 많이 팔았어. 지금은 얼음물 그렇게 안 먹어요. 아무리 더워도 물을 그렇게 많이 안 먹더라고. 그게 인자 커피 문화로 바뀐 거야 그게. 동대문 나오면 옷 티 하나 사고 떡볶이 순대 먹고 얼음물 들고 다녀. 그게 지금은 얼음물 들고 다니는 사람 없고, 그냥 물이나 먹고 진짜 갈증나서 물 한 잔 사 먹는 거 고거야. 그런 부분이 지금 바뀌는 과정이지."

동대문 일대의 큰 변화만큼 노점상도 달라졌습니다. 지금처럼 규격화된 가로판매대로 정리되기까지 진통도 많이 겪었습니다. 김 씨도 예외는 아니었습니다. 대형 쇼핑몰들이 들어선 이후에는 노점 조직에서 함께 일했던 선배 언니와 가로판매대를 주야간으로 나눠서 같이 운영했습니다. 김 씨는 야간 운영을 맡았습니다. 그러다가 2014년에 국립의료원 앞에 자리가 나서 독립된 가로판매대를 새롭게 시작했습니다.

이전의 노점 비용과 새로운 가로판매대 구매까지 비용이 꽤 들었습니다. 이곳은 군밤과 오징어를 팔던 곳인데 주변 노점의 양해를 얻어서 토스트로 품목을 바꿨습니다. 병원 앞 유동 인구가 많은 곳이어서 장사가 잘됐습니다. 위기도 있었습니다. 2015년 메르스가 발생하면서 국립의료원이 전담 중앙 거점 의료기관으로 지정되어 일반인의 출입이 제한되었습니다. 매출이 줄었고 어려운 시기를 보냈습니다.

가로판매대로 바뀌면서 노점환경도 많이 달라졌습니다. 전기가 들어와서 조리할 때와 추울 때 노점 영업 환경이 좋아졌습니다. 노점 단속도 과거에 비해 크게 줄었습니다. 노점을 무리하게 확장하거나 테이블을 설치해서 시민들의 통행에 지장을 주는 것은 단속 대상입니다. 너무하다 싶으면 단속이 나오기 전에 말해줘도 같은 노점상끼리는 말을 잘 듣지 않습니다. 그래서 거리 질서를 위한 노점 단속은 필요하다고 생각합니다. 다만 구청이 용역을 동원해서 노점을 단속하는 일은 없어야 한다고 힘주어 말합니다.

" 내가 시민이라고 저건 너무하다 헐때는 내가 이야기를 해줘 지적을. 근데 회원들은 내가 이야기하면 안 들어줘요. 구청에서 나오면은 그냥 넣는데. 단속도 때로는 해야 돼요. 전혀 안하면 거리가 엉망진창이 돼요. 바꿔 놓고 생각을 해봐요. 내가 시민이고 그렇게 생각하면은 너무 지나치게 늘어놓고 하는 거는 어느 정도 지나친 건 규제를 해줘야 해. 어쩔 수가 없어 그건 내가 노점을 해도. 하지만 비싼 용역비 들여 단속하는 건 잘못된 거지."

우리 노점 엄마들이
참 강하고 장해요

가락동시장 | 최은옥

최 씨는 여수에서 태어났습니다. 여수에서 학교에 다녔고, 남편을 만나 결혼하고도 줄곧 여수에서만 살았습니다. 그러다가 남편이 사업에 실패해서 살림이 어려워지면서 어쩔 수 없이 도망치듯 서울로 떠났습니다. 1988년 최 씨의 나이 서른셋의 일입니다. 최 씨의 남편은 여수에서 수산물 중매를 했습니다. 수입은 괜찮았는데 물건 대금이 제때 들어오지 않았습니다. 임시방편으로 빚을 내어 돈을 융통했습니다. 설상가상으로 남편이 보증을 잘 못 서서 없는 형편에 큰 빚까지 얻었습니다. 여수를 떠날 수밖에 없었습니다.

" 거기서 나고 자랐기 때문에 막일하기는 너무 창피한 거야. 동창도 있고 막 다 있으니까. 그 당시에는 우리가 다닐 수 있는 거는 공장밖에 없었어요. 식모나 공장. 그랬는데 거기 나가기는 너무 자존심 상하고 창피한 거야. 그럼 아무도 없는 서울로 가자. 그래갖고 인제 일단 서울로 올라왔죠."

서울로 올라온 최 씨 가족의 재산은 300만 원이 전부였습니다. 급한대로 송파동 반지하에 거처를 마련했습니다. 아는 사람을 찾아서 가락시장으로 갔다가 그길로 생선 노점을 시작했습니다. 고향 여수에서 수산업을 했던 경험이 있어서 생선 노점이 낯설지 않았습니다.

" 다른 계통을 누가 이렇게 끌어주는 사람이 없으니까 그 계통의 분야에서는. 이 계통의 분야는 또 내가 아니까, 아니까 계속했고. 그때는 뭐 이것저것 잴 것도 없었어요. 그 당시에는. 다른 데 눈 돌릴 여가도 없고 오직 그냥 먹고 사는 게 급했으니까. 다른 걸 뭘 해서 누가 돈 버는 것도 모르고 그냥 하여튼간 하루하루 사는 거야 그 당시에는."

가락시장의 노점 환경은 매우 열악했습니다. 최 씨도 처음에는 바닥에 스티로폼 상자 하나 놓고 시작했습니다. 새벽에 도매로 생선을 조금 사 와서 그걸 놓고 팔았습니다. 가락시장은 노점 환경도 어려웠지만 단속도 심한 지역이었습니다. 도매 시장이 마감되고 정리가 끝나는 12시 이후에는 단속을 피해 숨어서 장사를 했습니다. 몰래 장사하다가 걸리기라도 하면 경비원들은 물건을 걷어차고 내동댕이치기도 했습니다.

그래도 어린 두 아이를 데리고 먹고살기 위해서 악착같이 버텼습니다. 사실 혼자서 수산물 노점을 하기가 보통 힘든 게 아닙니다. 도매 물건을 싸게 사려면 새벽 일찍 나와야 하는데 소매로 팔아야 하니까 늦게까지 쉬지 못하고 장사를 해야 합니다. 수산물 특성상 물과 얼음이 있어야 하고 칼을 사용하니 항상 위험했습니다. 오직 자식 생각만 하면서 죽기 살기로 일했습니다.

"우리 레벨의 나이 부모님들은 다 마찬가지 일거예요. 오직 자식이었지. 그때는 자식뿐이 안 보여. 남편은 보이도 안 해. 자식이 커 나가고 보니까, 그래도 남편 이상 없다 싶은 생각이 들어."

최 씨의 하루일과는 아침 6시에 집을 나서면서 시작됩니다. 저녁 7시에 장사를 마치고 정리한 뒤 8시가 넘어 귀가합니다. 그것으로 끝이 아닙니다. 잠자리에 들 때까지 밀린 집안일을 챙겨야 합니다. 30년째 이어오는 일과입니다. 그나마 지금은 한 달에 한두 번 정도 쉬기라도 하지만 이전에는 하루도 쉬지 않았습니다. 수산시장이 일 년 365일 쉬지 않고 열리기 때문입니다. 휴가는 생각도 못 했습니다. 최 씨만 그런 게 아니라 수산시장 노점상들 대부분이 쉬는 날 없이 거의 매일 장사를 합니다. 물론 돈을 벌기 위해서지만 헛걸음할 단골 생각도 한몫합니다.

"휴가 같은 건 안 가죠. 못 가는 게 아니라 안 가죠. 여기 오면 단골이라고 또 있으니까. 또 찾아오면은 아무래도 얼굴이 안 보이면은 그러니까. 아예 딱 그만두면은 모를까 쉬기가 힘들어요. 그러니까 나뿐만 아니라 진짜 우리 시대의 어머니들은 진짜 장한 어머니들이에요. 물론 다른데도 다 그러겠지만 우리 노점 엄마들이 참 강하고 장한 어머니라 그래요."

   수산물은 신선도가 중요해서 보관에 신경이 많이 쓰입니다. 그렇다고 노점에 냉동 장비도 없어서 거래하는 도매상의 냉동실을 사용합니다. 최대한 하루 팔 수 있는 양만 챙겨서 장사를 하고 남은 물건은 밑지고라도 떨이로 싸게 팔아 버립니다. 그래도 남으면 냉동실에 보관합니다. 대신에 청소비와 물 이용료는 따로 내고 주차권은 직접 구매해서 삼만 원 이상 구매한 손님들에게 제공합니다. 가락동 수산물 노점상은 다른 지역과 다른 특이한 점이 있습니다. 노점 자리가 고정되지 않고 두 달에 한 번씩 추첨으로 자리를 정합니다. 자리에 따라서 매상 차이가 크기 때문에 도입한 방식입니다.

   최 씨는 재래시장을 찾는 사람이 점점 줄어드는 게 안타깝습니다. 특히 젊은 사람들이 찾지 않는 것이 그렇습니다. 최 씨의 단골들은 대부분 나이가 있습니다. 노점인데도 20년 넘는 단골도 있습니다. 최 씨는 재래시장이 단순히 물건만 사고파는 곳이 아니라고 생각합니다. 손님과 상인이 친해지면서 사람이 북적이는 분위기가 재래시장의 멋이라고 말입니다.

" 재래시장이 살아남으려면 이게 재래시장답게 시끄럽고, 먹을거리도 있고, 볼거리도 있고, 생선도 있고, 팥죽 장사도 있고, 호떡 장사도 있고. 재래시장은 이런 맛이 있어야 되는데. 좀 시끄럽고 떠들썩하고 뭐 그렇게 깨끗하진 않더라도 조금 지저분하더라도 사람 사는 냄새가 나는 곳이 재래시장이 아닌가, 저는 개인적으로 그렇게 생각을 해요."

힘들지만 노점을 그만둘 생각은 없습니다. 집에 있으면 적적해서 우울증이 생긴다고 합니다. 그동안 시장에서 장사만 해서 목욕 같이 갈 친구도 없습니다. 시장이 가장 마음 편합니다. 이제 80살이 된 할머니들이 하루에 이만 원어치 팔아도 노점에 나오는 이유입니다.

노점상

Q. 노점상의 노후대책?

노점상은 노점으로 생계를 꾸렸습니다. 장사는 힘들었지만, 노점이 있어서 자녀까지 키울 수 있었습니다. 하지만 노점으로 큰돈이 모이지는 않습니다. 생계를 유지하되 여유 있는 생활까지는 어렵습니다. 그래서인지 노점상들은 이구동성으로 체력이 닿는 데까지 노점을 하겠다고 말합니다. 노점이 생계 수단이지 노후대책인 셈입니다.

Q. 노점상의 직업병?

오랜기간 노점을 하면 관절에 무리가 갑니다. 대부분의 노점상이 관절 질환을 앓고 있습니다. 우선 오랫동안 서 있어야 하고, 좁은 공간에서 몸을 제대로 펴지 못하고, 물건을 옮기거나 조리를 하면서 손목, 팔목, 무릎, 허리에 무리가 갑니다. 혼자 있어서 자리를 비우는 게 부담스러워 화장실도 편하게 이용하지 못하는 것도 건강에 좋지 않습니다.

Q. 노점상의 강점?

대부분 노점상은 생활력과 정신력이 강합니다. 노점은 천막에서 여름 더위와 겨울 추위를 맨몸으로 견뎌야 해서 강인해질 수밖에 없습니다. 단단히 각오하고 선택한 데다가 열악한 환경에서 일한 경험이 더해져서 더 그렇게 되었을 것입니다. 오히려 집에 있을 때 더 아프다고 말하기도 합니다. 거리에서 수년 이상 노점을 했다는 것은 그 자체가 생활력입니다. 물론 처음부터 그랬던 것은 아닙니다. 노점상 대부분이 어쩔 수 없이 거리로 나와 처음에는 부끄러워 얼굴을 들지 못하는 때를 겪기도 합니다. 그러나 살기 위해서 단속을 버티고 주변 노점과의 갈등과 민원을 견디면서 강해졌습니다.

4장

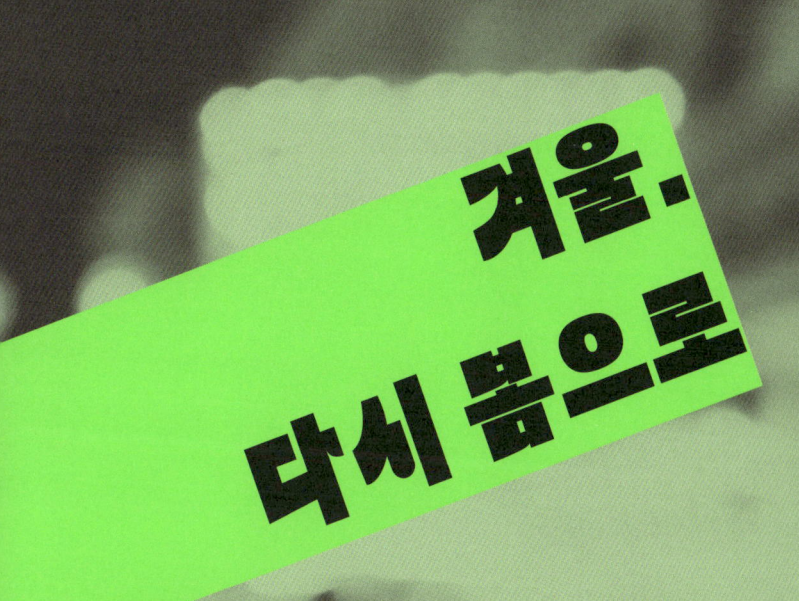

네발로 기어 댕길 때까지 해야지

황학동 | 주시현

    50대 후반의 주 씨는 성동공고 뒤편에서 신발 노점상을 합니다. 주 씨는 전남 영광에서 6남매 중에서 둘째로 태어났습니다. 주 씨네 집은 농사로 그럭저럭 생계를 이어갔는데 형의 수술로 가세가 급격히 줄었습니다. 형의 수술이 잘못되면서 당장 끼니도 해결하지 못할 정도가 되었습니다. 주 씨는 초등학교도 졸업하지 못하고 15살에 일자리를 찾아 서울로 왔습니다. 주 씨가 신발 노점상으로 성동공고 뒤편에 자리를 잡은 것은 외삼촌 때문이었습니다. 초등학교도 졸업하지 못한 최 씨는 마땅한 일자리를 구하지 못했습니다. 자리를 잡지 못하다가 외삼촌의 구둣방에서 가게 일을 돕던 게 지금까지 이어지게 되었습니다.

공장에 취직하려고 외삼촌 가게를 나왔던 적도 있습니다. 그러나 나이도 어린 데다가 기술도 없는 최 씨를 받아주는 공장은 없었습니다. 가는 곳마다 문전박대당했고 결국 공장 취직을 포기하고 다시 외삼촌 가게로 돌아왔습니다. 외삼촌 가게 근처에 노점 자리가 나왔고 그곳에서 노점을 시작했습니다. 그때가 1980년 최 씨가 18살 때의 일입니다. 그로부터 40년 동안 같은 동네에서 신발 노점을 하고 있습니다.

" 꼬맹이 저기 뭐 양복점도 들어가서 몇 달 있다 그냥 나와부렸고, 맨 일만 시키니까 힘들고. 그 시절에는 또 위에 조금 고참들이라고 막 쥐어패고 그랬기 때문에. 그래가지고 고런 저런 일을 몇 번을 겪다가 여기에 외삼촌이 구둣방을 했었다고. 저쪽에, 거기에 외삼촌이 구둣방을 했는데 그 연관으로 해 가지고 신발 장사를 하게 된 거야."

주 씨는 몇 차례 노점 자리를 옮겼습니다. 지역을 옮긴 건 아니고 노점 위치를 바꿨습니다. 처음 시작한 곳은 매월 임대료를 내야 했습니다. 돈을 모아서 임대료를 내지 않은 곳으로 옮긴 게 두 번째 장소이고, 청계천 복원 사업으로 동대문 운동장 노점상이 정비되면서 지금의 자리로 이전했습니다. 초창기 노점상은 '38따라지'라고 불리던 이북에서 온 실향민이 많았습니다. 청계천 시장이 평화시장으로 불리게 된 것도 실향민과 관계가 있습니다. 상인의 반 이상인 실향민이 평화와 통일을 기원하는 마음에서 평화시장으로 불렀기 때문입니다.

주 씨는 1980년에 이곳에서 노점을 시작했습니다. 주 씨가 노점을 시작하기에 훨씬 이전부터 황학동에는 중고 구두 노점이 많았습니다. 한국전쟁 이후 외국의 중고 의류, 신발, 가방 같은 구제 물건을 파는 노점 시장이 조성되어 지금까지 이어지고 있습니다. 주 씨는 주로 미국에서 들어온 중고 구두를 수선해서 판매했습니다.

" 옛날에는 미국 쓰레기 받을 때는, 미국 사람들 발 크잖아. 그럼 다 줄여서 팔고. 다 뜯어가지고 새로 만드는 거야. 그러고 핸드백 같은 거 그런 것도 갖다가 뜯어가지고 신발 만들고 막 그랬어요. 나는 인자 신발 중고 떼기 수리. 옛날에는 요런 데 구멍 난 것도 때우고 뒷굽도 다 갈고 이래가지고, 이런 데 튼 데도 초 먹여가지고 삐빠질 해가지고 팔고, 그렇게 했어."

난지도 매립장이 있던 시절에는 중간 도매상에게 산 매립장 신발을 수선해서 팔았습니다. 쓰레기 분리수거제도가 시행된 이후로는 매립장에서 신발을 얻을 수가 없어서 재활용품 수집소에서 물건을 얻었습니다. 쓰레기 분리수거제도가 시행된 후로는 지역마다 재활용센터나 알뜰시장이 생겨서 노점을 찾는 손님이 많이 줄었습니다.

" 옛날에는 중고가 그렇게 나갔지만, 지금은 동네마다 다 구제 팔잖아. 알뜰시장. 그전에는 동네마다 없었어요. 그러고 저기 난지도 매립하기 전에 물건 사러, '나까마'라고 그래 일본말로, 그 사람들이 오토바이 타고 거기 가서 물건 사와. 우리는 사 온 사람한테 골라서 사는 거지. 지금 난지도가 중단되고 난 다음서부터 분리수거가 되기 때문에 분리수거 다음서부터는 수집소. 수집소에서 아파트단지에서 의류하고 신발하고 박스 같은 거 분리해서 파는 저거 있잖아. 그러면, 저거 해서 고물상으로 넘어가. 고물상에서 옷하고 신발, 가방은 이제 고것만 사 가는 업체가 있어. 걸로 넘어가기 전에 가가지고 내가 맘에 드는 요런 거를 인자 골라서 사 오는 거야."

시대가 변하면서 중고 신발을 찾는 고객도 달라졌습니다. 80~90년대 주 씨 노점의 주 고객은 동대문 일대 봉제 공장 노동자였습니다. 그러다 외국인 노동자들이 찾아오기 시작했고 아프리카, 동유럽의 외국 구매자들이 주 씨 노점에서 신발을 삽니다. 특히 외국 구매자들은 주기적으로 찾아와 대량으로 중고 신발을 사는 제일 중요한 고객입니다. 국민소득이 늘면서 중고 신발 수요가 예전 같지 않습니다. 무엇보다 중고 물건을 판매하는 재활용가게들이 동네 곳곳에 생기면서 국내 고객은 확연히 줄었습니다. 그나마 중고 신발을 찾는 외국인이 있어서 노점을 유지합니다.

"일요일은 외국인 노동자들, 외국 사람들이 와서 많이 사 가지. 여기에는 별나라 다 오지. 아프리카, 동남아, 키르키스탄, 몽골. 근데 중국 사람들은 미신인지 어쩐지 몰라도 중고를 안 신어."

고객이 바뀌면서 영업시간도 달라졌습니다. 예전에는 아침 8시에 나와 밤 10시 넘어서까지 일을 했습니다. 퇴근길에 물건을 사러 오는 사람들이 있어서 밤늦게까지 장사를 했습니다. 지금은 밤에 중고 신발을 사러 오는 사람은 없어서 9시에 시작해서 오후 4시면 장사를 마무리합니다.

주 씨는 20년 전에 귀가 아픈 일이 있었습니다. 병원에 가지 않고 약만 먹고 버티다가 얼굴 한쪽으로 마비가 왔습니다. 뒤늦게 수술을 받았지만, 상태가 안 좋아져서 오른쪽 귀를 대부분 잘라 냈습니다. 지금도 거의 한쪽으로만 소리를 듣습니다. 수술하고 틀어진 얼굴과 청력이 회복될 때까지 4개월을 쉰 것을 빼고는 지금까지 노점을 이어오고 있습니다. 이것 말고도 노점을 하면서 고생이 많았습니다. 하지만 평생 이 일을 했습니다. 앞으로도 힘닿을 때까지 이 일을 할 생각입니다.

" 고생을 너무나 많이 하면요, 아무 생각도 안 들어요. 아무 생각도 안 나고 어떻게 왔는가도 생각이 안 나요. 너무나 힘들게 살면은. 내가 뭐 딴 게 뭐 배워 논 게 있어 이거밖에 없지. 네발로 기어 댕길 때까지는 해야지 뭐. 누가 뭐 십 원짜리 한 장도 안 주는데 내가 벌어서 먹고살아야지."

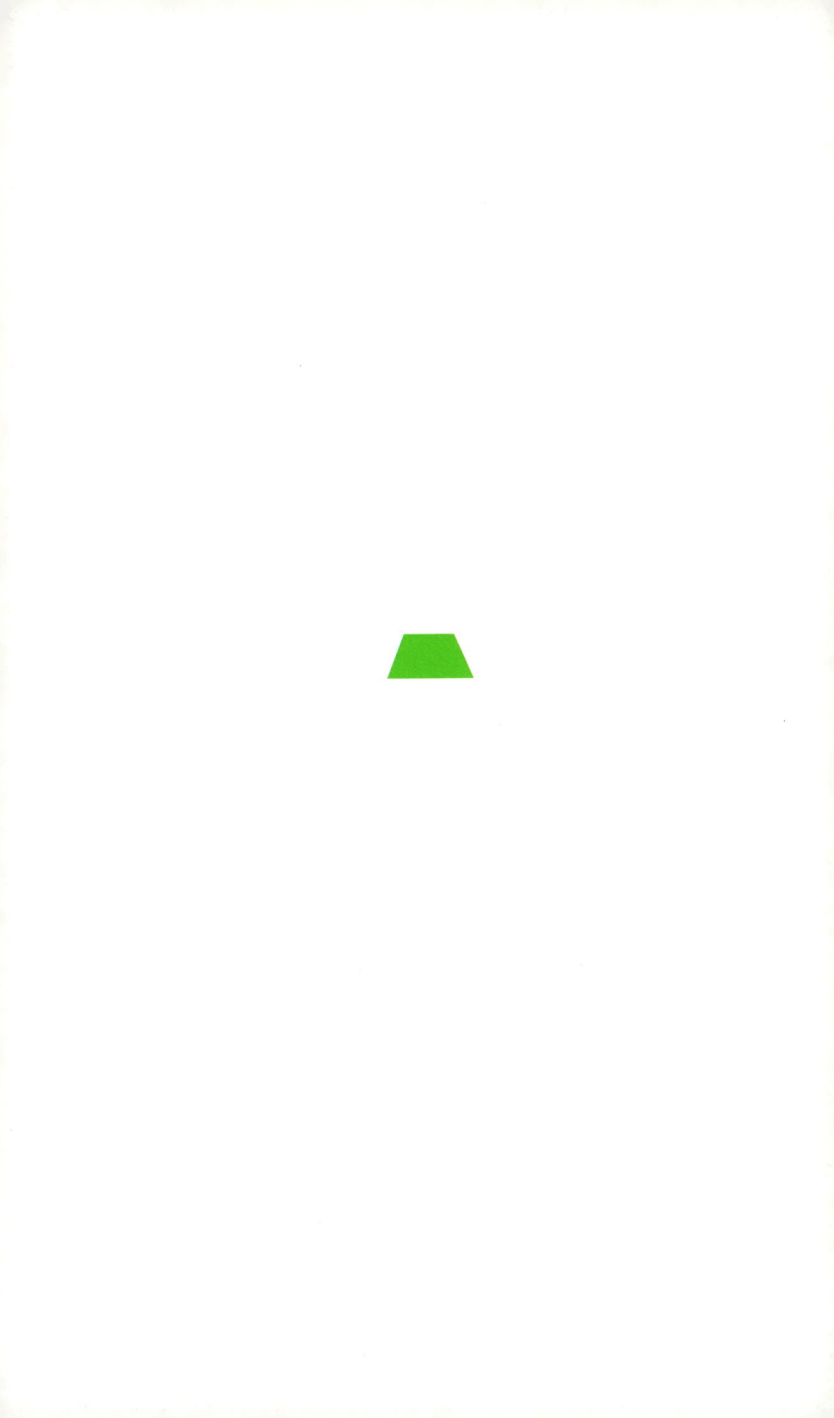

왜냐면 먹고 살아야 되니까

신촌역 | 이정훈

 이 씨는 신촌역 근처에서 아내와 함께 김밥, 떡볶이, 어묵, 순대를 파는 포장마차 노점을 합니다. 이 씨는 햄버거를 팔면서 1988년에 노점을 시작했습니다. 햄버거 다음으로 술을 파는 포장마차를 했습니다. 1980년대 신촌역 일대는 대학생들로 늘 붐비는 지역이었습니다. 유명한 나이트클럽도 많아서 밤이면 일반인까지 더해져서 그야말로 불야성을 이뤘습니다. 당연히 노점들도 많고 장사가 잘되는 지역이었습니다. 특히 포장마차는 손님들로 넘쳤습니다. 위치가 좋으니 노점상 간에 경쟁도 치열해서 거의 매일 다툼이 있었습니다. 신촌역 일대 노점상 조직이 생기면서 품목과 위치가 조정되었고 다툼도 어느 정도 정리됐습니다.

> "어거지로 댕기다 그냥 아무 데다 갖다 놓고 하는 거야. 그러니까 맨날 싸움하는 거지. 맨날 자리다툼하고, 저기 되니까 맨날 싸움하는 거지, 니 거냐 내 거냐 하고. 인제는 싸움 안 해. 인제는 싸움 안 한다고. 인제는 다 한 식구가 돼서 서로 도와가면서 해."

이 씨는 젊은 시절에 무교동 호텔 나이트클럽에서 일했습니다. 그러다 직접 가게를 운영하게 되었는데 화재로 닫았습니다. 화재보험을 들지 않아서 벌금을 내고 피해보상까지 해서 버틸 수가 없었습니다. 가게를 그만두고는 선배가 운영하는 신촌의 나이트클럽 일을 봐주게 되었고 클럽 일을 하다 노점을 시작했습니다. 노점은 아내가 운영하고 장사를 준비하고 마무리하는 것은 이 씨가 맡았습니다. 처음에는 노점이 너무 부끄러웠습니다. 그러나 화재로 모든 것을 잃은 이 씨에게 다른 선택이 없었습니다.

" 군대 제대하고 나서는 무교동에 가서 그냥 한 36년 동안 그냥 나이트클럽 그런 데만 댕겼어. 내가 그런 데서만 일을 했지. 근데 맨 첨에 나올 때는 참 무지 챙피해. 길바닥에서 밥 먹고 막 이러는 거 있잖아. 나는 그런 걸 옛날엔 몰랐더랬잖아, 호텔 근무만 했으니까. 근데 무지하게 챙피한데, 챙피도 없어 이제는. 왜냐면 먹고 살아야 되니까. "

이 씨의 아내는 척추 수술 후유증으로 하체에 지체 장애가 있습니다. 아내가 장사는 해도 리어카를 설치하고 정리하는 일까지는 할 수 없었습니다. 이 씨만이 아니라 아내도 처음에는 많이 힘들어했습니다. 하지만 이 씨의 수입으로는 아들 둘을 키울 수 없었고, 먹거리 포장마차는 요리할 사람이 필요해서 아내가 용기를 냈습니다.

" 마누라가 울기도 많이 울었지. 마지못해 나오는 거지.

그러니까 맨날 우는 거야. 아이 같이. 해 먹고 살아야 하니까 나와야지 어떻게 해. 파는 건 여자가 팔아야 돼. 남자보다 여자가. 여자들이 파는 건, 남자도 있지만은. 남자가 준비해 주고 여자가 팔아야지 음식 장사니까. 아무렇게 해도 남자보다 여자가 있어야지. 그래야 서비스도 좋고, 남자들은 아무리 지가 잘 한다 해도 여자보다 못하는 거야. 대신 힘든 일은 다 허지."

노점 장사는 아내가 맡았습니다. 클럽으로 출근하는 이 씨도 노점을 설치하고 정리하는 일을 했지만 그래도 장사는 아내 몫이었습니다. 2000년대 들어서 신촌역 일대 정비사업이 추진되었습니다. 오래된 건물들이 정비되면서 클럽들이 문을 닫기 시작했고 이 씨도 클럽 일을 그만두게 되었습니다. 이 씨는 그때부터 본격적으로 노점 일에 투입되어 지금까지 아내와 함께합니다.

이 씨의 노점은 행정구역상으로 마포구에 속합니다. 마포구는 법적으로 노점을 인정하는 대신 도로점용료를 부과합니다. 각자 정해진 위치에서 영업시간을 준수하는 규정도 있습니다. 영업시간은 마치는 시간은 따로 정해져 있지 않고 시작 시각만 정해져 있습니다. 평일은 오후 3시, 주말에는 조금 일찍 오후 1시부터 시작합니다. 마감은 자율인데 이 씨는 새벽 2시 정도에 영업을 마칩니다. 영업이 끝나면 리어카를 옮겨야 하는데 이 씨는 인근의 유료 보관소를 이용합니다. 전기와 수도는 앞 건물에서 끌어다 쓰고 이용료를 지급합니다.

신촌역 일대에는 김떡순 노점들이 많습니다. 김떡순은 대표적인 노점 먹거리인 김밥, 떡볶이, 순대를 이르는 말입니다. 이 씨의 노점도 김떡순 노점입니다. 품목이 같아서 보이지 않는 경쟁이 치열합니다. 음식과 양념에는 큰 차이가 없어서 진열 방식과 내부 장식에 신경을 씁니다. 30년 가까이 먹거리 노점을 한 이 씨는 나름의 장사 비결이 있습니다. 음식 재료는 직접 사 오는 경우를 빼면 대부분 단골 가게에 전화주문으로 조달합니다.

" 물건은 공장에서 다 납품도 하고, 계란 같은 거는 다 사다하고, 뭐 야채 같은 거는 전부 다 시장을 보는 거지. 직접 보는 것도 있고 전화로 주문하는 것도 있고. 다 가게가 있어 상회가. 나머진 재주껏 하는 거야. 따로 개발

하는 거 없어. 다 비슷비슷해. 양념을 저기 하는 거지. 아 살림하는 사람이 그런 거 양념 못 만들면 어떻게 해. 다 재료 갖다주는데. 나도 인제 도사야. 나도 다 맨들 수 있어."

장사를 30년 가까이 한 이 씨에게도 노점은 힘든 곳입니다. 장사도 어렵지만 무엇보다 하루 종일 길거리에 서서 일하는 게 나이가 들수록 힘이 달립니다. 새벽까지 영업하는데 추운 겨울에는 고통스럽기까지 합니다. 아내에게 장애가 있어서 더욱 그렇습니다.

"겨울에 한번 그냥 영하 18도 이렇게 나갈 때 하루 웬종일 서있어 봐. 둘이 장사하다가 집에 가서 옷 벗어놓으면 거실로 하나야. 잠바에다가 바지에다 벗어놓으면 둘이서. 맨날."

"이거 뭐 알게 모르게 골병드는 게 이거야. 여름엔 더워서 골병들지, 겨울엔 추워서 골병들지. 그러니깐 장사할 땐 몰라. 집에서 며칠 쉬면 그냥 삭신이 다 아픈 거야. 놀면은 나사가 풀려가지고 더 아픈 거야. 그러니 그게 직업병이지. 직업병 길바닥에 서 있으니까 추위에 몸이 얼었다 녹았다 하잖아. 그러니까 본인은 몰라도 모르게 알게 자기 육신이 다 그냥 녹아 빠지는 거야. 젊고 늙고 똑같애 길바닥에 서있으면."

노점이 힘들지만, 그만둘 생각은 없습니다. 집은 마련했지만, 여유는 없습니다. 그렇다고 아들에게 도움을 받고 싶지는 않습니다. 물론 노점을 계속하는 이유는 경제적인 부분이 가장 크지만, 한편으로는 일을 하는 것 자체를 중요하게 생각합니다. 건강이 허락하는 한 노점을 계속하려는 이유입니다. 이런 마음을 알아서 이제 아들도 그만두라고만 하지 않고 쉬어가면서 하라고 합니다.

"몸이 병나면 못 하는 거야. 몸이 허락하는 때까지. 그거는 언제까지 한다는 거 장담하는 사람 하나도 없어. 허다가 힘들고 아프면 그냥 다 고만두는 거야, 젊고 늙고. 한번 이 길바닥에 나와서 해버릇 하면, 금방 그렇게 안되지. 몸이 아프거나 해서 다 고만두는 거지. 집안에 우환이 있다던가 뭐 해서 마지못해 불가능하니까 허는 거지. 그렇지 않으면은 그냥 나이 먹은 사람들 많이 있잖아. 다 건강이 허락하는 한은 하는 거야. 그러다가 이제 뭐 아프대든가 뭐 저 움직이지 못하면 고만두는 거지."

누군가는 의견을 제시하고 개선해야 해요

고양시 | 이태훈

이 씨는 고양시 마두역 근처에서 떡볶이, 튀김을 파는 음식 노점을 합니다. 이 씨의 노점은 길벗 가게라고 부릅니다. 길벗 가게는 고양시가 허가한 합법적인 노점입니다. 노점은 가로판매대로 규격이 정해져 있습니다. 이 씨는 아내와 분식을 파는 길벗 가게를 운영합니다. 아침 10시에 가게 문을 열어 자정까지 영업합니다. 집에서 재료를 준비해서 나오는 시간까지 합치면 하루 14시간 종일 일을 합니다. 일주일에 월요일과 화요일 이틀을 쉬는데 하루는 장을 봐서 실질적으로는 하루 쉬고 있습니다.

" 아침에 여기 10시에 나와서 밤에 12에 들어가면 14시간이죠. 14시간인데 집에서 보통 두 시간을 해요. 아침에 내가 여기 알람이 7시 반에 기상을 해요. 오징어, 야채, 애 엄마 계란 삶고 오징어 잘라야 되고, 준비하는 데 두 시간이 걸려요. 우리 다 사와서 직접 해요. 우리가 월, 화 쉬는 이유가, 하루는 준비하고 장 보고 대강 세팅을 해 놔야 돼요. 하루는 쉬는 거예요. 쉬는 날도 일이 있으면 나가야 돼요. 모임 있으면. 시간이 무지하게 촉박해요."

이 씨는 많은 투쟁 경험이 있는 노점운동가입니다. 이 씨는 인천에서 작은 치킨 호프집을 운영하다가 힘들어져서 지인의 소개로 노점을 시작했습니다. 이 씨가 32살 때의 일입니다. 노점을 시작하면서 인천 노점상연합회 일도 함께했습니다. 노점상연합회 일을 하면서 구속되었다가 집행유예로 풀

려난 일이 있습니다.

아암도 바닷가 포장마차 노점 철거에 저항하다 노점상이 사망하는 사건이 발생한 때였습니다. 진상규명을 요구하며 강력하게 항의하다가 구속을 경험했습니다. 이후에 지인에게 노점 조직 활동을 권유받아서 서울로 옮겼고 전국노점상연합회 중앙본부에서 일했습니다. 전노련에서는 전국을 돌아다니면서 노점 보호를 위한 조직 활동을 했습니다. 특히 지자체별로 시행하던 단속 위주의 노점 대책과 폭력적 단속에서 노점상의 권익을 보호하기 위해 활동했습니다.

그러다가 2000년에 일산으로 자리를 옮겼습니다. 당시에 노점 갈등이 심각했던 일산에서 본격적인 노점 조직 활동을 하기 위해서 중앙본부를 그만두고 일산으로 왔습니다. 일산은 신도시 개발로 인구가 빠르게 증가하면서 노점도 늘었고 노점단속이 강화되면서 노점 갈등이 심각했습니다. 지자체의 집중적인 단속과 물리적 충돌에 개별적으로 대응하던 노점상들은 한계를 느끼고 전국노점상연합회에 도움을 요청했습니다. 당시에 전노련 조직국장이었던 이 씨가 회원들과 함께 지원했고 결국 일산으로 오게 되었습니다.

이 씨는 일산지역과 인근 고양시 전체 지역의 노점상을 규

합하여 단속에 강력하게 대응했습니다. 노점과 행정이 서로 대치한 채 소모적인 갈등이 계속되었습니다. 결국 경찰 중재로 협상 자리를 마련했습니다. 협상에서 노점은 자체 정비를, 행정은 민원 발생 시 단속이라는 비공식적인 합의를 했고 일산의 노점 갈등은 정리됐습니다. 이후에 이 씨가 중심이 되어 고양시 노점상연합회를 구성했습니다.

일산의 노점은 비공식적인 합의로 사실상 암묵적 인정을 받았습니다. 이후에는 행정과 큰 갈등 없이 노점을 운영했습니다. 그러면서 이 씨도 고양시에 자리를 잡았고 고양지역 노점 대표로 활동을 했습니다. 원만하게 운영되는 노점이 2006년부터 고양시의 노점 대책 기조가 바뀌면서 노점 조직도 다시 움직였습니다. 노점 대표인 이 씨는 노점상들의 권익을 보장하기 위해 전국노점상연합회에 도움을 요청하고 적극적인 활동을 펼쳤습니다.

" 근데 그 시장이 노점상에 대해서 칼을 빼기 시작한 거예요. 신도시가 막 건설되고 만들어지면서. 번화가가 형성이 되면서. 2007년도면 엄청 많이 발전됐을 때 아니에요, 그런 거죠. 정치적으로도 그렇고. 노점상 없애라고 하죠. 우리가 알기론 그렇게 알고 있어요. 지방자치제는 그 시장이 어떤 마인드를 갖고 있느냐에 따라서 단속이 심하고 안 하고 조율하고 풀어가는 거죠. 어떤 정부 지시를 받진 않아요, 지방자치단체는."

행정의 일제 단속에 저항하면서 시작된 갈등은 심각한 물리적 충돌로 이어졌습니다. 갈등은 일 년 이상 지속됐습니다. 노점 대표로 시위를 주도한 이 씨는 집회및시위에관한법률 위반, 행위처벌에관한법률 위반 등으로 수배령이 내려졌고 결국 체포되어 3년 형을 선고받았습니다. 그런데 구속된 뒤 이 씨에게 공금을 횡령했다는 의혹이 제기되었습니다.

조직 내부에서 제기된 공금횡령 의혹을 회원들이 받아들였고 대표 탄핵까지 당했습니다. 수감생활 중이던 이 씨는 제대로 해명할 기회도 얻지 못한 채 전국노점상연합회로부터 재정 운영의 불투명성 등의 사유로 징계를 받았습니다. 징역살이하는 동안 조직 내부에서 자신에게 제기한 각종 음해성 의혹에 대해 몹시 서운하고 억울했습니다. 무엇보다 함께 했던 주변 사람들이 자신에게 누명을 씌운 것에 심한 배신감이 들었습니다.

이 씨가 수감되어 있는 동안 갈등은 진정국면으로 전환되었습니다. 고양시는 새로운 노점 대책으로 조례를 개정해서 노점을 합법화하고 고양시 노점 브랜드인 '길벗 가게'를 도입했습니다. 2009년에 출소한 이 씨는 자신의 징계사유였던 공금횡령과 각종 의혹에 대해 소명했습니다. 결과는 사면 복권이었습니다. 혐의없음이 확인되었고 징계가 철회되었습니다. 이 씨는 길벗 가게와 함께 다시 대표일을 시작했습니다.

"내가 고양 길벗 가게, 왜 다시 대표가 됐냐. 제가 이거를 징역 갔다 와서 너무 억울하고 세상을 살 수가 없겠더라구. 징역 가는 거는 그렇게 힘들지는 않았어요. 그렇게 힘들지는 않았는데, 근데 나를 이 사람들이 너무 힘들게. 내가 죽을라고 그랬으니까 억울해서. 근데 주변에 아는 사람들이 그러지 말라고, 나가서 누명도 벗어야 되고 그러니까 꿋꿋하게 견디라고. 그래서 견뎠죠."

노점운동가인 이 씨는 길벗 가게 대표로서 노점상의 권익을 보호하고 길벗 가게를 합리적으로 운영하기 위해 활동합니다. 아내는 그렇게 당하고 또 노점상을 위한 일을 하냐며

이 씨의 활동을 반대했습니다. 그동안 군말 없이 노점일과 집안일을 도맡아 하면서도 자신을 응원하던 아내의 말이 무겁게 들렸습니다. 하지만 열심히 살려고 노력하는 노점상을 그냥 보고만 있을 수는 없었습니다. 사실 길벗 가게가 도입되면서 노점영업이 많이 안정되었지만 개선해야 할 불합리한 사항들이 있습니다. 판매대의 구조, 품목, 입지가 대표적입니다. 판매대 구조는 행정과 협의하여 불합리한 부분을 바꿨습니다. 이제는 품목과 입지가 남았습니다. 쉽지 않겠지만 누군가가 의견을 제시하고 개선해야 합니다. 이 씨는 자신이 할 수 있는 일을 찾아서 계속할 계획입니다.

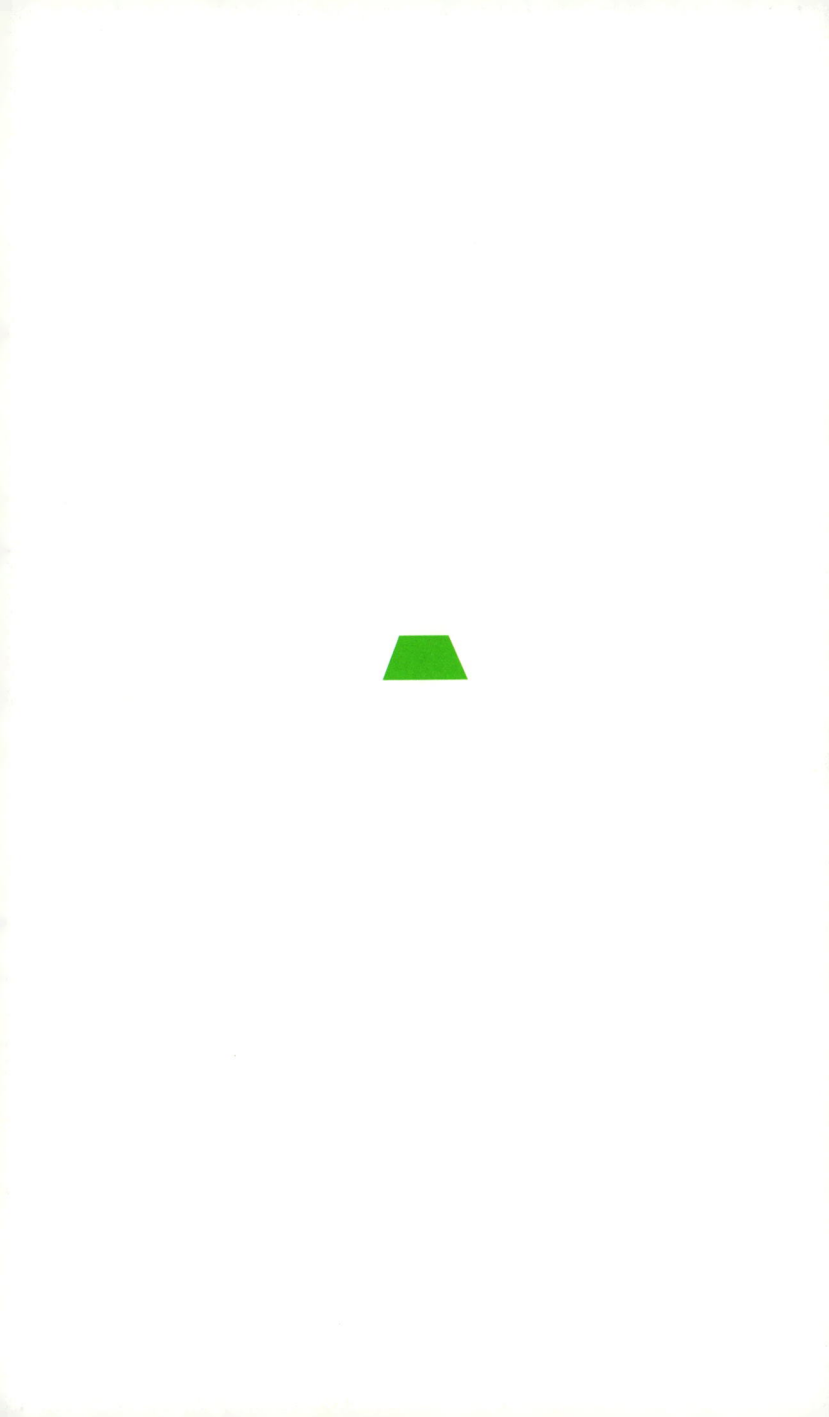

노점대책

이슬을 맞으며 장사하는 가게라는 다소 낭만적인 의미의 노점(露店)은 사실 오래전부터 있었습니다. 거슬러 올라가면 조선시대의 난전(亂廛)이 지금의 노점입니다. 노점은 해방 이후 수가 늘어나기 시작해서 산업화, 도시화 과정에서 많이 증가했습니다. 이후에도 사회적, 경제적, 정치적 상황에 대응하며 지금과 같은 형태로 변화해 왔습니다. 지금도 노점은 그렇게 진화하고 있습니다. 그래서 노점을 자세히 들여다보면 우리 사회가 어떻게 변하고 발전해 왔는지를 엿볼 수 있습니다.

길에서 무허가로 시작된 노점은 행정과의 갈등을 피할 수 없습니다. 노점 대책은 노점과 같이 합니다. 노점 대책은 방임, 묵인, 단속, 정비, 관리로 정리됩니다. 해방과 전쟁, 혁명을 경험한 급변하는 시기에 서울을 비롯한 대도시로 생업과 생활 기반을 갖지 못한 해외 귀국 동포와 실향민, 피난민, 이농민이 대거 유입되어 불안정한 집단이 만들어졌습니다.
공식 경제 부문이 발달하지 못한 탓에 이들은 대부분 비공식

부문에서 일했습니다. 노점은 대표적인 비공식부문 일자리로 많은 이들이 무허가 시장이나 길가에서 노점을 펼쳐 놓고 생계를 꾸렸습니다. 농촌을 떠나 도시로 온 기술도 돈도 없던 많은 사람이 노점상으로 나서면서 도심과 시장 주변, 주요 도로변에 노점상이 급격하게 늘어났습니다. 특히 서울은 기존 대형 시장 주변, 도심 주요 간선도로변, 역, 호텔 주변에 노점상들이 급증하면서 노점 도시화를 우려하기도 했습니다(서울시사편찬위원회, 2007).

노점은 본래가 단속 대상입니다. 기록을 보면 해방 다음 해인 1946년에도 노점단속이 이뤄졌습니다. 경찰청이 1946년 4월에 노점단속을 해서 150여 명을 붙잡아 경위서를 받고 상품을 압수했다는 기록이 있습니다. 1947년 4월에는 서울역 앞 노점을 단속했는데, 하루에 검거된 노점상이 평균 200여 명에 달했습니다. 1958년 5월 청량리경찰서에서 자정부터 새벽 5시 사이에 청량리에서 홍릉 간 대로변 노점단속을 해서 노점 200개 점포를 완전히 철거한 기록도 남아있습니다. 하지만 서민들의 생계 수단인 노점을 아무런 대책 없이 무조건 철거만 하는 것도 능사는 아니었습니다. 정부와 서울시가 노점철거와 묵인 사이를 오락가락한 이유입니다. 무엇보다 생활 기반이 거의 없었던 노점상들은 생계를 전적으로 노점에 의존해서 정부의 단속과 철거에 큰 고통을 받았습니다. 당국이 노점 철거에 나서면 노점상들은 단속 현장을 잠시 피하거나 때로는 적극적인 시위로 대응했고 극단적인 자살을 선택하는 때도 있었습니다. 그러면서도 노점상은 나날이 증가했습니다.

노점이 급증한 데는 일자리가 가장 중요한 요인입니다. 산업 성장 수준에 비해 도시화가 빠르게 진행되면서 도시로 몰려든 사람들이 먹고살 만한 일자리가 없었습니다. 미비한 유통 체계도 노점이 늘어나는 데 한몫을 했습니다. 근대적 유통구조가 제대로 구축되지 않은 상태에서 노점상은 시민들에게 생활필수품을 싼 가격으로 공급하는 역할을 담당했습니다.
노점들이 각종 생활용품을 거리 곳곳에서 판매해서 사람들은 쉽고 편리하게 필요한 상품을 구매할 수 있었습니다. 미비한 유통구조를 보완하는 하위 유통 단위로 역할을 담당했습니다. 1980년대 초반까지 노점은 이곳저곳 심지어 가가호호를 돌아다니며 장사를 하다가 적당한 곳에 자리를 잡는 게 일반

적이었습니다. 이후 노점의 정착화가 본격화되면서 노점상들 간의 자리싸움도 심각해져 사람들이 많이 오가는 장사가 잘되는 목이 좋은 자리를 두고 노점상들 간의 경쟁도 치열했습니다.

1980년대 접어들면서 노점이 본격적인 사회 문제가 되었습니다. 아시안게임과 올림픽을 앞두고 도시환경 개선이 중대한 사안이 되었기 때문입니다. 가로환경 개선은 핵심 과제였습니다. 당시 늘어난 노점들은 단속에도 불구하고 주요 간선도로나 재래시장 주변을 차지하면서 사람들의 통행은 물론이고 차량 통행에도 지장을 줬습니다. 거리 혼잡과 가로환경을 악화하는 주요 요인이 된 것입니다.

노점은 도시환경개선을 위한 주요 정비 대상으로 여겨져 단속 강도와 빈도가 점점 높아졌습니다. 강력 단속은 일시적으로 노점 문제를 해결한 것처럼 보였으나 대안 없는 단속은 노점상의 조직적 저항만 키웠습니다. 결국 근본적인 문제는 해결하지 못하고 정비·단속과 묵인·방조만 반복했습니다.

집중단속을 하면서 다른 한편으로 1989년에 노점 관리제도를 마련했습니다. 서울시에서 마련한 노점관리 방안의 핵심은 주요 간선도로를 노점 절대금지구역과 상대금지구역으로 구분·지정하고 절대금지구역은 노점영업 금지, 상대금지구역은 시간제로 허용하며 지속해서 관리하는 것이었습니다.
당시 도입된 도로별 정해진 구역에 따른 노점 관리체계는 노점관리의 기본원칙으로 적용되었습니다. 하지만 금지구역에서의 노점단속은 대단히 소모적이었고 무리한 철거단속은 사회문제가 되었습니다. 이후에 IMF 외환위기로 노점상이 늘면서 정부는 노점단속을 중단했고 암묵적으로 허용하는 처지가 되었습니다.

2000년대 접어들면서 노점 대책은 새로운 국면으로 접어들었습니다. 보행권에 대한 시민의식이 높아지고 각종 보행환경개선 사업들이 추진되면서 노점 문제가 재조명되기 시작했습니다. 우선 노점의 존재를 인정하고 도시공간에서 시민들과 공존하는 방안을 모색했습니다. 그동안의 소모적인 정비에서 합리적인 관리로의 전환을 시도했습니다. 시행착오를 겪으면서 추진된 '특화거리만들기사업', '노점잠정허용구역' 등이 대표적 사례들입니다.
노점을 하나의 일자리로 인정하는 변화도 있었습니다. 물론 노점상은 이미 오래전부터 일자리로 활용되었지만, 비공식 일자리였습니다. 그런데 2000년대 후반 들어 노점상을 인정하고 노점을 일자리로 활용하는 사업까지 등장했습니다. 대표적으로 청년 일자리로 도입한 푸드트럭이 있습니다. 이런 변화는 우리나라만이 아니라 일본을 비롯한 다른 나라들에서도 나타나는 현상입니다. 특히 노점상을 이른바 저개발의 상징으로 간주하고 인정하지 않던 서구 선진국도 노점상의 존재와 이들이 수행하는 사회적 역할을 인정하고 단속과 규제가 아니라 제도화하는 방안들이 추진되었습니다.

2014년 도로법시행령이 개정되면서 노점을 제도화할 수 있는 법적 근거를 마련했습니다. 법적인 한계를 안고 있던 지자체 노점 대책들이 도로법시행령 개정으로 제도화의 근거를 마련하게 된 것입니다.
그동안의 노점정책은 '노점상은 어쩔 수 없는 존재지만, 공식적으로 이를 인정할 수는 없다'로 요약할 수 있습니다. 이처럼 모호한 입장은 노점을 둘러싼 제반 상황, 노점상들이 주장하는 생존권과 일반 시민들의 보행권, 공공공간의 배타적 사용을 고려한 불가피한 선택입니다. 하지만 다른 한편으로 우리

나라 노점 문제가 왜곡되는 빌미가 되었습니다. 이제 시행령 개정으로 새로운 국면을 맞게 된 노점 문제를 풀기 위해서는 무엇보다 노점상을 우리 사회에 존재하는 하나의 실체로 받아들이고 함께 공존하는 방안을 모색해야 합니다.

에필로그

 노점 장사는 3초 장사라고 합니다. 지나가는 사람들이 노점의 이용 여부를 결정하는 데 3초가 걸리기 때문입니다. 3초면 결정되는 마당에 화장실을 가기도 쉽지 않습니다. 노점 장사가 잠시도 자리를 비우지 못하는 이유입니다. 그런 분들이 인터뷰를 위해서 소중한 시간을 내주셨습니다.

 책에는 인터뷰에 참여해 주신 열 두분의 인생이 담겨 있습니다. 노점을 시작하며 겪은 우여곡절, 노점을 운영하며 겪었던 고된 일상과 지금까지 이어지는 희로애락의 기록입니다. 평균 20년 이상 된 열 두분의 노점 생애사가 봄, 여름, 가을, 겨울의 계절 변화처럼 변화무쌍합니다. 노점의 사계 속에 열 두분의 인생이 있습니다.

 막상 책을 내면서 다시 돌아보니 아쉬움이 큽니다. 인터뷰에 귀한 시간을 내주셨지만, 그분들의 인생을 담아 내기에는 시간이 부족했습니다. 그렇다고 장사를 준비하고 손님을 맞이하는 여건에서 인터뷰를 충분히 할 수가 없었습니다. 무엇보다 열 두분의 노점 인생을 처음의 뜻만큼 충분히 보여주지 못한 아쉬움이 가장 큽니다. 그래서인지 기록으로 남길 수 있었다는 위안을 하면서도 미안한 마음이 드는 건 어쩔 수 없나 봅니다.

여기까지가 저의 몫인가 봅니다. 이제 아쉬움과 미안함과 감사함이 담긴 책을 그분들에게 전해 드릴 일만 남았습니다. 다시 그분들을 만나러 노점으로 갑니다. 아니 사람에게로 갑니다. 사람이 있는 노점으로요.

노점 사람들

초판 1쇄 인쇄　2024년 4월 16일
초판 1쇄 발행　2024년 4월 26일

지은이　홍인옥
펴낸이　노수현
편 집　노수현
디자인　정나영 (@warmbooks_)

펴낸곳　마음대로
등 록　제2018-000139호
주 소　서울시 중구 세종대로 19길 16, 성공회빌딩 별관 302호
이메일　nsoo102@naver.com
홈페이지　www.maeumbook.imweb.me

가 격　14,500원
ISBN　979-11-986193-1-0 (03330)